30のお金の嘘を
明らかにし、人生・仕事の思い込みから
自由になる新たな習慣

マネーバイアス

著 ピーター・カーニック
ライフソース・プリンシプル＆
ライフ・マネーワーク提唱者

監訳 吉原史郎 小野義直 宮慶優子

訳 福島由美 吉原史郎 津村英作
江上広行 大濱匠一 宮慶優子

日本能率協会マネジメントセンター

30 Lies About Money
by Peter Koenig
All Rights Reserved © 2003 by Peter Koenig
Japanese translation rights arranged directly with the author c/o Natural
Organizations Lab Inc. through Tuttle-Mori Agency, Inc., Tokyo.

日本語版の発刊にあたって

2001年、私はいつまでも人々の心に残る本にしたいと願って『MONEY BIAS(マネーバイアス)』を書き始めました。

2025年の今日、この願いは十分に達成されたようです。というのは、私が20数年前にこの本の各セクションに託したメッセージが、今日ではたくさんの人が、大切なこととして認識するようになったからです。

この本では、お金についての「嘘」を明らかにしていきます。「嘘」が明らかになるたびに、お金についての「バイアス(固定観念や思い込み)」が明らかになり、あなた自身が解放され、同時にお金の解放ももたらされます。

今回の日本語版の出版に際して、日本の同僚たちと、原文での実践例、統計データ、用語を新しいものに置き換えるべきかについて話し合いましたが、あえてそのまま残すことにしました。当時のデータに込めたメッセージの中に、一時的とは言えない時代を超えた長期的なトレンドを見出したからです。

たとえば、この本ではビットコインや暗号資産については触れていませんが、それらが普及する源となった補完通貨システムや電子マネーに関わる技術革新のことには各所で触れていました。

30年前にも、暗号資産やブロックチェーンにつながる技術は存在していました。しかし、それを実現する人間の側の意識や想像力はとても追いついていなかったのです。

この本では、人間の意識が前に進むとともに、通貨システムや、個人や会社でのお金の扱い方が、今後どのように発展していくのか、その方向性も示していきます。

説明や更新が必要な箇所については、日本語版の監訳者の吉原史郎さん、小野義直さん、宮慶優子さん、翻訳チームの福島由美さん、吉原史郎さん、津村英作さん、江上広行さん、大濱匠一さん、宮慶優子さん、親切な注釈を追加いただいた日本語版注釈チームの大濱匠一さんと江上広行さん、監訳・翻訳チーム全体に多大なるサポートをいただいた西澤篤央さんに心からの感謝を申し上げます。

読者の皆さんへ、お金に対する関心から始まるこの旅が皆さんにとって、豊かなものになりますように。そして、この本でのお金への気付きを通して、皆さんがプロジェクトや新しい活動に取り組むときの時間とエネルギーがより豊かなものとなりますように。そして、もちろん、お金も!

ピーター・カーニック
2025年3月

まえがき

こんにちは！ 書店で『MONEY BIAS（マネーバイアス）』を手にしている皆さん、周りを見渡してみてください。そこはどこですか？ ビジネスやファイナンスのコーナーですか？ それとも哲学や心理学のコーナー？ もしくは自己啓発、または子ども向けのコーナーでしょうか？

親愛なる読者の皆さん、この本によって、あなたは様々に思考をめぐらすことになるでしょう。私は皆さんを「お金の楽園」へとお連れします。そこは、様々な誘惑や可能性、現実と幻想に満ちています。その楽園はあなたのすぐ近くに存在していますが、何が何であるかを正しく見分けられる人しか立ち入ることはできません！

私は、今、書き始めたこの本の未来をこんなふうに思い描いています。この本は、書店に入ってすぐの一番目立つところに綺麗に積み上げられています。そこは、この本のためにつけられた「たしかな助けになる噛みごたえのある一冊」というコーナーです。書店の店員さん、少しスペースを空けておいてください！ そのうちに新しい本もそのコーナーに加わってきます。そこには、魂の旅を支える大切な情報に満ちた文学、詩、散文、心の奥底から「ああ、そうだったのか！」と叫びたくなるような、長く語り継がれる言葉が並ぶのです。

■ お金と魂

「お金と魂」がこの本のテーマです。なんだかおかしな組み合わせです。とるに足らないお金のことを魂の問題として扱うなんて。

さらに、本のサブタイトルには「30のお金の嘘」という言葉が含まれています。これも不思議に感じられたかもしれません。「嘘」がお金や魂とどう関係するのでしょうか？　それについては、少しだけ個人的な私の経歴を交えてお話しします。

私は物心ついた頃から、達成、成功、幸福といったものに強く惹かれていました。

成功するとはどういうことか？　私の定義はいたってシンプル、成功とは意図した通りに結果が付いてくることです。私たちは毎日、ほとんど気付かないままに、たくさんの成功を手にしています。

私たちは魔法使いです。私たちはほしいものをほしいときに思い描き、それを手に入れるために行動します。この当然のような出来事の陰で「お金」が見えない役割を果たしています。

たとえば、「洗剤がほしい」と思い描いたら、それを買いに

いきます。上出来です！　しかし、洗剤のことを考えてから、実際にキッチンテーブルに届くまでには、たくさんの作り込まれたインフラが気が付かないところで複雑に関わっています。

私たちは子どもの頃に、あたりを観察して、「そうか、お金があればほしいモノを買ったり手に入れたりできるのか」と理解します。そして、このプロセスがほしいものすべてに対して有効なのだと自ずと刷り込まれていきます。
しかし、残念ながら、より複雑な成果だったり、質の高いものがほしいときは、洗剤を手に入れるように簡単にはいきません。

なぜ「嘘」なのでしょうか？　私たちが何気なく交わしている「お金」という言葉の中に、現代を生きる私たちの壮大な自己欺瞞が含まれているとしたらどうでしょう。

ビートルズは、「お金で愛は買えない」と歌いました[注釈1]。そんなことは当たり前だと知っているはずなのに、なぜか私たち

注釈1　「キャント・バイ・ミー・ラヴ (Can't Buy Me Love)」は、ビートルズが1964年3月にリリースした楽曲です。タイトルに示されているように「お金では愛は買えない」というメッセージが込められた曲として広く知られています。

は、お金で愛を手に入れようとします。ほかの考えが思い付かないから、生涯にわたってそれを繰り返します。愛ではないほかの何かに対しても同じことを繰り返します。
この本は、このような繰り返しの根底に潜む「嘘」を明らかにしていきます。そして、その「嘘」が明らかになるたびに、お金についての「バイアス（固定観念、思い込み）」に気付き、あなた自身が解放され、同時にお金の解放ももたらされます。

私のお金に関しての研究は、1984年、37歳のときに始まりました。
それまでの私の人生は、お金やキャリアという観点から見れば、サクセスストーリーでした。戦時中にイギリスに亡命したユダヤ系の実業家の家に生まれた私は、若い頃から野心に溢れていました。優秀なセールスマンだったので、せっせと働きさえすればさほどの苦労もせずお金を稼ぐことができました。
不動産のプロとして成功し、米国の大企業で責任ある地位に就いたあとにＭＢＡを取得、80年代初頭には、研修事業とコンサルティングを提供する小さな会社の共同経営者になりました。
しかしそのとき、思いもよらぬ試練が私を待ち受けていまし

た。まず、その会社が継続的な資金不足に陥るという初めての経験をしました。さらに顧客だった経営者の多くが資金繰りが苦しくなったとたんに、コンサルティングの過程で注意深く練り上げたコミットメントを守らなくなったのです。

私は現状をなんとか打開しようと、助言やサポートをしてくれる専門家を探しましたが、とうとう見つかりませんでした。お金との関わり方が、人や組織、さらには社会や文明にどのように影響しているのか、そしてお金との関わりが目標の達成や成功、幸福へとどのように導くのか、または逆に妨げるのかについて全体をとらえて研究している人は誰一人いなかったのです。

私は手始めに、クルト・レヴィン[注釈2]が開発した「アクション・リサーチ」という研究手法を試すことにしました。まず、自分自身のお金との関わり方から実験を始め、次にそれを小グループで行いました。

注釈2　クルト・レヴィンはドイツ系ユダヤ人の社会心理学者。場の理論や、リーダーシップ、集団力学の発展、社会問題の実践的解決を目指したアクション・リサーチの提案など、その研究業績は多岐にわたり、「社会心理学の父」と呼ばれています（参考：「日本チェンジマネジメント協会公式サイト」）。

この調査を通して、意外な発見がありました。それは、お金が関わってくると、(人は)激しく感情的になりやすいこと、そして、お金に関する定義や概念・アイデアは人によって驚くほどに異なるということでした。

この違いがいつも知的な議論を噛み合わないものにしてしまいます。大学やビジネススクールで「経済学」として教えているお金の仕組みは、実は都合よく単純化された理屈の刷り込みなのかもしれません。
現代の複雑な経済や金融システムがしっかり機能しているかどうかを本当は誰も説明できていないのに、彼らはその事実をもっともらしく誤魔化しているだけなのかもしれない、と私は疑い始めました。

私の研究がこのような疑問にきちんと答えられるアプローチを見出すまでに10年近くの歳月を要しました。このアプローチは個人の内省や学習、成長を可能にし、私が立てた疑問を解決するだけでなく、あらゆる個人やグループ、組織にも実用として効果を発揮できるものでした。

もう一つとても大切なことは、このアプローチが中立だということです。つまり、どんな人でも、このテーマに取り組み

始めることができるのです。

このアプローチは、1994年にお金との関係を学ぶ個人向けのマネー・セミナーに採用されて成功を収めました。1999年以降は、組織やグローバルな文脈でこのアプローチを応用したい人々のための、「お金とビジネス・パートナーシップ・コンファレンス」にも採用されています。

この本は、そのセミナーでの体験をシンプルな文書によって提供する試みです。そして冒頭で触れた「お金と魂」というテーマに立ち返る場所でもあります。皆さんが、お金との関係を見直すことによって、あなたが「魂の旅」を自由に実現できるようになれば、この本の目的は達成されます。
成功の基準は、この本の内容が読者である「あなた自身」と「あなたのお金」の両方に対して、どれだけ「解放」の体験をもたらすことができるかです。

■ 複雑そう、難しいかも、と感じている皆さんへ

この独自の研究と開発には、予想以上に時間がかかりました。それは、今でも完成していません。なぜなら、いったん取り組み始めると、個人としてのお金との関わりだけではな

く、あらゆる人が関わる通貨制度の働きやその制度設計にまで広げて研究を行う必要があるからです。
こう言うと皆さんは、難しそうに感じるかもしれませんが、心配は無用です。アプローチする範囲の広さをわかってほしいだけです。
この本ではその広い範囲のすべてを包含しつつも、基本的にシンプルに徹するという約束は守っていきます。

■ お金は重要だ、いや、そうではない、やはり重要だ、いや、そうではない…

長い年月をかけて、多くの人が成功するためにはお金が中心的な役割を果たしていると考えるようになりました。しかし、お金の役割は一般的にとらえられているものとはまったく異なります。それはとても大切なことです。ここでは詳しく説明はしませんが、この本に書かれていることを読み進めていくうちにきっと驚くはずです。もしあなたが、金融の専門家ならば、最も驚くのはあなたかもしれません！
『MONEY BIAS（マネーバイアス）』には私の17年間の研究のエッセンスが詰まっています。この本ではお金や通貨システムに関して、多くの人が知らず知らずのうちに信じ込んでしまった誤解を一つひとつ紐解いていきます。

この本ではこれらの「嘘」について善悪の判定はしていないということは強調しておきます。その嘘が「悪い」と言っているのではありません。それでもなお、嘘を扱っていくのは、それに含まれている誤った概念が、あなたにとって最も大切なことの実現を妨げているかもしれないからです。

■ この本の読み方

子どもが「お金があれば何でも買える」と考えてしまうのは、洗剤を買うプロセスを観察しているうちに、深く考えることなくそう解釈しただけのことです。こうした考えや幻想の多くは、私たちが幼い頃に身に付け、そのあと疑問に思わなくなったものです。

それらの経験が積み重なることによって自己強化された凝り固まって簡単にはほどけない「もつれ」ができあがります。この本を読み進め、その一つひとつの誤解が解けるたびに、あなたは、「ああ、そういうことだったのか!」というショ

注釈3　「自己強化」とは、複数の要素が影響を与え合って、一つの方向性がより強化されていく状態のことを言います。たとえば、営業担当者の「モチベーション」があがると「売上」があがり、「売上」があがると「モチベーション」もあがるという状態は自己強化です。この事例では、「お金があれば何でも買える」という「信念」が実際にお金があって何かを買えたり、お金がなくてそれを買えなかったりした経験が積み重なってより強化されていく状態を表しています。システム思考では、お互いを強め合うこの因果関係が循環する状態を矢印で表現したものを「自己強化型ループ」という言い方をします。

ックを受けると同時に自分の中のスペースが広がっていく感覚に気付くでしょう。そうすると「もつれ」が解け始め、解放感と安心が得られます。

この本は、対話形式によって、最初から最後まで順に読み進めていくようにデザインされています。全体を貫く本質をつかみ取るためにも、この順番で読んでいくことを強くおすすめします。読むスピードも大切です。時々立ち止まって、振り返りができるように、短いセクションにわかれています。気付いたことを書きとめるための、余白を設けました。

今は2001年11月、私は南イタリア東海岸、古代都市バーリの南33キロメートルに位置するポリニャーノでこの本を執筆しています。夕暮れが迫る中、ラップトップに文字を打ち込んでいる眼前には霧がかったグレーのアドリア海が広がっています。
このあとのページに何が書かれるのかはまだ定かではありません。今からこの、お金についての嘘という、非常に個人的な旅路・冒険に、皆さんとともに乗り出していくことの名誉と感謝、そして喜びを感じています。

序文

通常、著者は序文から書き始めます。そして、お金についての優れた本が最初に取り上げるべきテーマは「お金とは何か？」という問いです。

しかしこの本は普通の本ではないため、序文はあなたに書いていただきたいと思います。
次のページの空白の部分に、2～3分で書いてみてください。あなたにとって「お金とは何か？」初めに頭に浮かんだ事柄を10個ほど、思い付くままにここに書いてみましょう。

あなたにとって
　　　お金とは何ですか…

1 番目の嘘

銀行は利ざやで たくさん 稼いでいる

はじめは、シンプルな嘘から見ていきましょう。
明らかな大嘘とは言えなくても、よくよく考えないと、いかに簡単に大きな勘違いをしてしまうかを示す例です。

この嘘は数字のからくりのようなクイズから始まります。

英語圏で"Many happy returns"という言葉は、誕生日のお祝いとしてよく使います。今日はあなたの誕生日ではないかもしれませんが、ここでは、この言葉を利ざやでたくさん稼いでいるように見える幸多き銀行に向けてみます。

次の質問に答えてみてください。

たとえばあなたが銀行に100ドルを持っていき、年利2％の普通預金口座に預けたとします。
銀行はあなたの100ドルを受け取り、別の顧客に5％で貸し付けました。
年末に銀行はその顧客から5ドルの利子を受け取り、あなたに2ドル渡すと手元に3ドル残ります。
この取引に要した銀行の費用は1ドルでした（あなたには請求されません）。
あなたは自分の預金100ドルに対し2％の利益を得たことになります。

さて質問です。
銀行が得た利益率は何％だったでしょう？

直感的に5％と2％の差である3％と答えるのではないでしょうか。この差分を利ざやと言います。利益としても妥当に見えるかもしれません。

しかし、クイズの解答としては不正解です。この取引の正しい利益の計算は次のようになります。

　利ざや＝3ドル
　費用＝1ドル
　利益＝3ドル（利ざや）－1ドル（費用）＝2ドル
　利益率＝2ドル／1ドル×100％＝200％

言うまでもなく、この数字は3％を大幅に上回っています。顧客は、利益率が自分は2％程度なのに、銀行には200％もあるのは理不尽だと感じるかもしれません。
しかし、計算するとそうなります！

留意点
銀行全体で見ても、個別の銀行で見ても、利益率や利益額がわかりにくいのは次の二つの理由によります。[注釈4]

注釈4　銀行の、預金を受け入れてそれを貸し出して運用するという業務は、仕入れや売上に見えるものがお金そのものなので、モノやサービスを仕入れて提供する一般の事業会社とは様々な面で異なっています。そのため銀行には、会社法・金融商品取引法や各種会計基準等のほか、銀行法や銀行法施行規則に従った特殊な財務諸表の作成が求められています。

1．専門家の間でも、銀行が貸し出すお金が、実際に預かった預金を元手にしているか、それとも何もないところから作り出しているかについての見解は一致していません。もし後者だとしたら、銀行の利益率はさらに高くなります。銀行のお金を作ったり、貸し出したりするための運営コストがゼロに近づくと、銀行が預金と貸出の取引から得る利益率は無限に近づきます。[注釈5]

注釈5　銀行が何もないところからお金を作り出しているように見える機能は「信用創造」と呼ばれています。たとえば、A銀行からお金を借りた人が、B銀行にそのお金を移し替えると今度はB銀行がそれを原資として貸出を行うことができます。さらにそのお金を借りた人が、お金をC銀行に預金をするとそれがまたC銀行の原資となり……ということが繰り返されることによって、銀行の帳簿上の預金や貸出がどんどん増殖していきます。つまり、貸出と預金を繰り返すことで銀行がお金を創造していることになります。このとき、銀行は帳簿を右から左に動かすだけでお金を作るコストはほとんどかからないので、「利益率＝利益÷費用」を計算すると、分母が限りなく小さくなって利益率は無限大に近づきます（参考：金融経済教育推進機構（J-FLEC）「シリーズ教材　お金のキホン」）。

2．銀行の四半期報告書、年次報告書、貸借対照表には、手数料や、貸出金の利子や、預金の利子を反映したあとの利益が開示されています。しかし、オフバランス取引[注釈6]と呼ばれる、銀行が金融商品を投機的に取引することによって発生する利益や損失の詳細は開示されていません。これらは銀行の通常業務からの利益を凌駕する大きな金額になることがあり、その場合、銀行の全体の財務状況に対しても影響を及ぼしかねません。銀行は、望ましい政治的・経済的なイメージに合わせてオフバランス取引の会計報告書を柔軟に開示することができます。

注釈6　「オフバランス取引」とは、銀行や企業の決算を示す「貸借対照表（バランスシート）」に計上されていない取引のことです。金融機関の国際的なルールを協議・決定している国際組織、バーゼル銀行監督委員会では、オフバランス取引の範囲として「債務保証」「貿易で使う信用状」「金融派生商品の取引」を定義しています。これらは、現金や不動産、有価証券などの目に見える現物資産とは異なる将来に履行される契約であり、「その時点で存在する資産や負債でない」「期日にならないと金額が判明しない」「受け取れる資産なのか、支払うべき債務なのかも判明しない」という特性があります。
国際会計基準や金融商品会計基準では、金融派生商品の取引は時価をもって貸借対照表に計上し、決算で開示することが求められるなど、様々な会計基準が定められています。ただ、時価の算定が困難な商品や取引については様々な方法や意見もありますので、ある程度の柔軟性が見られる面は否定できません。

このややこしい問題を扱うのはこのくらいにしておきましょう。また、私は銀行が不当に高い利益をあげていると言いたいわけではありません。
大切なことは、銀行の利益がおおよそ利ざや分の「貸出金利－預金金利」で示されるという一般認識が、重大な誤りだということです。

お金の真実を探究するための問い

☑ 銀行が得た利益率は何%だったでしょう？

2番目の嘘

お金はパワーだ

「お金はパワーだ」とみんなが言います。この考えを理屈だけで否定するのは難しいかもしれませんが、ここでは「それって本当なの？」という合理的疑問を持つきっかけを提供したいと思います。
そのためには、あなた自身が、自分の「お金はパワーだ」と思うに至ったこれまでの経験をもう一度見つめ直し、その経験の枠を超えて、より深く「知ること」に意識を向ける必要があります。

思い出してみてください。あなたが最も深い創造性や活力、インスピレーションを感じていたのは、そこにお金がたくさんあったからですか？　そして逆に力を感じられなかったのは、お金が少なかったからですか？

私はアドリア海を見下ろす岸壁にあるポリニャーノのホテルの部屋から外を眺めています。

沖のほうで、二人の年配の釣り人が向かい合って小さなボートに乗っています。二人の間には小さな白いプラスチックのバケツ、今日の釣果を入れるには十分なのでしょう。

二人は波間に漂うボートの上で、釣竿もなしに、糸を手に握りしめ、じっとたたずんでいます。

今度は、200メートルほど私がいるホテルのほうへと近づくことにしたようです。それぞれの左手にオールを持って、ぴたりと息を合わせて漕ぎ出します。一人はオールを後ろに、もう一人は前に、一瞬一瞬の完璧と言える優雅さと、絶妙なハーモニーを感じさせてくれる光景です。

視線を部屋の中に戻すと、CNNニュースに映っているアメリカのジョージ・W・ブッシュ大統領がしかめっ面で私を見つめています。

この世界のパワーはどこにあるのでしょうか？　それはお金とどう関係しているのでしょうか？

ここはポリニャーノで最も高価なホテルの一室です。ジョージ・W・ブッシュはたしかに私よりは多く稼いでいますが、その金額は自国の多くのビジネスリーダーには遠くおよびません。私が支払う今晩のホテル代は、さきほどの釣り人たちが一週間、もしくは一ヶ月で稼ぐ金額ぐらいかもしれません。

この世界のパワーはどこにあるのでしょうか？　それは、ホテルのオーナーにあるのでしょうか？　彼は私が払うホテル代を喜んで受け取り、経費を支払います。ホテルのマネジャーにあるのでしょうか？　彼は私と料金の交渉をしますが、日中ずっと現場にいるわけではありません。

ジョージ・W・ブッシュはどうでしょう？　訪ねてくる多くの国の政治指導者たちにあるのでしょうか？　私にあるのでしょうか、それとも釣り人たちにあるのでしょうか？　私たち全員にあるのでしょうか？　誰か一人だけにあるのでしょうか？　それとも誰にもないのでしょうか？

そして、それらを比較することに、いったい何の意味があるのでしょうか？　私たちはお金にはパワーがあると信じていますが、実際はどれほどなのでしょうか？

「お金はパワーだ」という信念は強固で、広く信じられています。その信念によってお金がパワーになることもあるでしょう。しかし、常にその通りになるとは限りません。
お金からは本当のパワーは得られません。

お金にパワーを重ねてしまうのは、私たちがお金に対して二つの誤ったイメージを持っているからです。

１つ目のイメージは、「お金持ちは、たくさんのものを所有している」という物質主義的イメージです。「大組織は、大勢の人を雇い、たくさんの資源を使っている」というイメージも同じです。

私たちは、お金があれば、人生をうまくやっていけると思い込んでいます。
皮肉なことに、お金を手に入れようと頑張っている人のほうが、すでに手にしている人よりもパワーを持っていたりもします。彼らは、目標達成に向けて集中しており、希望に満ち溢れています。
一方で、たとえば宝くじの当選者のように、お金を手に入れたとたんに「お金はパワーだ」という信念がまったくの幻想に過ぎなかったという虚しさを味わうこともあります。

現代で最も裕福で、成功したビジネス界の大物二人のコメントを紹介します。

「お金持ちというのは往々にして、お金をたくさん持っている貧乏人に過ぎない。お金があれば何でも買えると信じている人は、明らかに一度もお金を持ったことがないのだ」

―― アリストテレス・オナシス[注釈7]

「成功は役に立たない教師だ。それは賢い人々に、彼らが負けることがないと信じこませる。かつ、未来への案内役としても頼りにならない」

―― ビル・ゲイツ

注釈7　アリストテレス・オナシスは「20世紀最大の海運王」と言われたギリシャの実業家です。暗殺で倒れた第35代アメリカ大統領J・F・ケネディの妻であったジャクリーンの再婚相手としても有名です。

2つ目のイメージは1つ目と正反対ですが同様に強力です。それは、「お金がないと、何もできず、運命を切り開くこともできなくなり、やがては困窮に陥ってしまう」というイメージです。
たとえばヨーロッパで橋の下で暮らす人や、アメリカで紙袋にいっさいがっさいを入れて持ち歩くホームレスの女性に対して私たちが勝手に抱く恐怖のイメージには現実的な根拠はありません。それは1つ目の「お金持ちは、たくさん所有している」に対する物質的イメージに根拠がないのと同じです。

我々の世界に困窮や飢え、貧困が存在するのは残念で厳しい事実ですが、個人であれ集団であれ、お金がないこと自体が原因ではありません。
貧困や困窮はお金と関係していますが、それはお金を持っているかどうかではなく、お金に対する私たちの信念や、この本で明らかにしていく嘘と関係しています。

お金の真実を探究するための問い

- ☑ あなたが最も深い創造性や活力、インスピレーションを感じていたのは、そこにお金がたくさんあったからですか？

- ☑ そして逆に力を感じられなかったのは、お金が少なかったからですか？

- ☑ この世界のパワーはどこにあるのでしょうか？
  それはお金とどう関係しているのでしょうか？

- ☑ 私たちはお金にはパワーがあると信じていますが、実際はどれほどなのでしょうか？

3 番目の嘘

借金は悪い

「お金はパワーだ」という感覚が少しずつ薄れてくると、次に強くあなたの前に立ちはだかるのは「借金は悪い」という思考です。

これを詳しく見ていきましょう。

「借金をすること」の良し悪しについては様々な解釈があり、それらの解釈同士も矛盾しています。

個人が借金を抱え込むのは、普通はいけないことです。ただし、マイホームを手に入れるための住宅ローンなら悪くないと見なされるでしょう。

ビジネスをするための借金ならば、これもまた、良いことだと言われるでしょう（信用があるほど、たくさんの借金ができます）。

しかし、地方自治体、公的機関、地域および国や政府の借金は好ましくありません（信用があるからといって、たくさん借金をしていいわけではありません）。
ここでは再び借金は悪いことだと見なされるのです！

この借金にまつわる、一貫しない矛盾に満ちた混乱をどうしたら解きほぐすことができるでしょうか？

お金はそもそも借金である

まず、現代の経済がどのように機能しているのか知っておく必要があります。経済の中で「借金」と「お金」は、コインの裏表のように同時に発生します。

お金は「支払いの約束」です。つまり「IOU（I Owe yoU）私はあなたに借りがある」という約束なのです。
お金とは、発行者（中央銀行）が、お金の所持者（あなた）に対して持っている負債（借金）です。
あなたが財布やポケットや銀行口座に持っているその国の通貨については、中央銀行があなたに対する最終的な債務者になります。[注釈8] つまり、あなたには中央銀行に対して額面通りの金額を請求する正当な権利があるということです。

注釈8 私たちが普段使っている1万円札や5千円札などのお札は、正式には日本の中央銀行である日本銀行が発行する「日本銀行券」になります。日本銀行は「日本銀行券」を使って買物や税金の支払いができることを保証（信認を確保）しているため、「日本銀行券」は日本銀行が国民に対して振り出している「債務証書」のようなものだと言えます。つまり、私たちが持っているお金は、日本銀行にとっては記載された金額の通りに返済する責任がある「負債」なのです。かつて、日本銀行券が金銀との交換が保証されていた時代に、日本銀行の貸借対照表には、金銀が資産、日本銀行券は負債として計上されていました。その後、金銀との交換義務がなくなった以降も、価値を保証する「債務証書」という性格に変わりがないため、現在も負債として計上されています（参考：「教えて！　にちぎん（日本銀行）」）。

国や中央銀行などの大袈裟な話を持ち出さなくても、経済システムの中には、常に借りている人と貸している人が存在します。

たとえば、あなた自身が借用書を書いたり、友人や同僚と一緒に地域通貨や「LETS（Local Exchange Trading）」、「タイムダラーシステム」などのパラレルマネーシステムを創設する場合もそうです。この相互関係がなければシステムは成り立ちません！

注釈9 LETS（レッツ、local exchange trading system、地域交換取引制度）：1983年にカナダのバンクーバー島にある人口約6万人のコモックスヴァレーで始められた地域通貨制度。LETSの主な目的はコミュニティのメンバーが相互に支え合うことによって信頼関係を構築することです。紙幣は発行せず、利子も発生しない帳簿上の通貨です。「提供できることや物」と「提供してほしいことや物」を帳簿に記載して交換を行いますが、グループ全体のLETSの残高については、提供したことや物と受け取ったことや物を相殺して、金額としてはプラスマイナスゼロにします。

タイムダラーシステム：米国の市民運動家であるエドガー・カーン博士が、1980年に地域社会の助け合いを促進するために提唱した「ボランティアの時間交換制度」。育児や高齢者の世話、送迎、料理、家の修繕など他人の助けとなることをすると1時間を1点とするタイム・ダラーを獲得できます。獲得した人は、タイム・ダラーを使って、自分や家族のために援助を受けたり、食品や医療サービスを割引購入することができます。

パラレルマネーシステム：著者は互助を目的とした世界中で発行されている地域通貨をパラレルマネーシステムと表現しています。日本でもLETSを参考にして開発された地域通貨ピーナッツ(千葉県)、日本で世界に先駆けて時間を単位とする相互扶助システムを構築した先駆者である水島照子氏が立ち上げた「ボランティア労力銀行（現「ボランティア労カネットワーク」）」などの地域通貨が知られています。

つまり、借金があることは良いことでも悪いことでもなく、通貨と会計システムを使う社会におのずと組み込まれている現実なのです。世界中の通貨制度や経済システムの中心にはこういった関係性が存在しています。

お金の貸し借り

ここまで貨幣の発行、つまり新しくお金が創造されるときに生じる、債務者と債権者の関係を説明しました。

同じことが、お金の貸し借りという一般的な行動にも当てはまります。このときは、貨幣とは違い、借り手と貸し手が署名する「支払いの約束」という新たな契約が生じます。この契約によって新たに創造された分が、世の中に存在している負債の額に上乗せされて、社会に流通するお金の量を増やします。

ただ、この契約は国のシステムによって発行されていないので、国の通貨会計システムに計上されておらず、公式なマネーストック統計にも現れてきません。

注釈10 マネーストック統計とは「金融部門から経済全体に供給されている通貨の総量」のこと。この統計は、貨幣や硬貨などの現金通貨と預金通貨（普通預金・当座預金）の合計である「M1」、これに定期預金などを加えた「M2」「M3」で構成されます。約束手形のように、商取引として裏付けされている債権と債務は社会全体で見ればプラスマイナスゼロとなるのでマネーストック統計には含まれません。これを「商業信用」と言い、信用創造のところで見たような銀行間の債権債務（銀行信用）とは区別されます。ちなみに、皆さんがクレジットカードで買物した代金や、プリペイドカードに入金したお金、PayPayで使ったお金もマネーストック統計には含まれません。これらは、すでに皆さんやクレジットカード会社が手元に持っている現金や銀行預金に含まれているからです（参考：「マネーストック統計に関するFAQ（日本銀行）」）。

この既存のお金や負債から新たに創造される「支払いの約束」を、この本では「派生取引」と呼ぶことにします。

金融機関が扱う金融派生商品も「派生取引」の一つですが、この本では「派生取引」を金融派生商品に限らない広い概念で捉えていきます。ここでは今日的な金融派生商品が増加している背景や仕組みの詳細には触れません。

お伝えしたいことは、借入、貸出はもちろん、近年、取引量が急増している金融派生商品の取引でさえ、本質的に良い悪いはないということです。

注釈11　「金融派生商品」(デリバティブ)：「派生する」という意味を持つ動詞「derive」の名詞形である「デリバティブ (derivative)」を用いて、株式、債券、為替などの原資産から派生して誕生した金融商品のことを指します。「金融商品会計基準」では、「基礎となる商品の価格の変化に対応して価値が変化するものであり、純額で現金、その他の金融資産や金融派生商品を授受する権利又は義務を生じる契約」と定義されています。その多くは、株価や為替レート、金利などが上下することによって、受取資産になったり支払債務となりうる商品です。本来、「金融派生商品」は株式などの原資産の現物取引にともなう様々なリスクを回避する目的で利用されるものです。さらに、そのような実需がなくても、将来の値動きから利益を得る「投機目的」で利用される場合もあります。

それは、テレビや電動ドリルを友人から借りることと同じです。
あるいは、あなたが友人から10ドルを借りて、友人が八百屋でリンゴを買ってその代金をあなたから八百屋に返すように頼んだとしても、そこには何も良い悪いはありません。
友人に対するあなたの支払い約束（10ドルの返金）を、友人が価値のある商品（八百屋のリンゴ）との交換手段として使うこと。それが派生取引の本質なのです。

借金の何が問題なのか？

一見すると、借金の問題は借金をしている人が、それを返済する約束を果たせないときに生じます。返済の約束が守られないことや、それが元となる争いごとは日常茶飯事です。

しかしここで、私が伝えたいことは、借金そのものではなく、そのように見なしている私たちの態度や風潮のほうに問題があるということです。その態度が、返すあてのない借金や、債権者と債務者の間の争いを生み出すのです。

つまり「借金は、一般的に悪いものであり、避けるべきものだ」という考えこそが嘘の正体なのです！　この借金に対する慣れ親しんだ態度が、誰もが貸借対照表の貸方側（お金を出す側）に立とうと、できもしないことに私たちを執着させるのです。

その結果として、いつの日かここから抜け出せるという希望を持つ多くの人が、増え続ける借金を背負うことになります。少数の「賢い」人々が彼らの犠牲のうえに、巧みに借金から逃れられるという金融メカニズムや制度・構造が整然と作られるのです。

これは、「借金は悪いことだ」という思い込みによって無意識に自分を追い込み、結果としてその通りになっていく、悪循環の「自己強化型ループ」の典型的な例です。
債務者と「少数の賢い人々」である債権者のどちらにもメリットはありません。なぜなら、債権者はますます、信頼性や価値のない債権の受け皿にされてしまうからです。

救済策

救済策は本質的にはシンプルです。発想を転換させればいいだけです。しかし、簡単ではありません。

それは、借金を良いか悪いかの物差しで測ることをやめて、単純に人と人の信頼関係を力強くするものとして受け入れることです。そう受け入れることで、債務者と債権者の約束がより誠実なものとなり、関係性もより健全で創造的なものになっていくでしょう。

この創造的な関係を築き、また実際の問題を解決するための鍵は、債権者と債務者、特に人と人の関係にもっと注意を払い、その質を高めることです。

これは、友人同士でも、金融機関の担当者との関係でも同じです。借金にまつわる人間関係は、借金以外のことと同じように、創造的なものにも対立的なものにもすることができます。関係の質を高めるために、もっと時間や注意を注ぐことで、より実りある結果が得られます。これは、良いときも悪いときも変わりません。

お金の真実を探究するための問い

- ☑ 借金にまつわる、一貫しない矛盾に満ちた混乱をどうしたら解きほぐすことができるでしょうか?

- ☑ 借金の何が問題なのでしょうか?

4番目の嘘

幸せになるには、
最低限のお金
が必要だ

お金は必ずしも幸せをもたらすとは限りません。これは皆さんがよく知っていることです。
でも、幸せで快適に暮らすには、ある程度のお金が必要だと多くの人が思っています。あなたもそう考えているかもしれません。

しかし、この「慣れ親しんだ普通の考え方」は危険です…。
タバコと同じように「健康に悪い」と警告すべきかもしれません！

壁にクサビを打ち込むと、そこにできたヒビは時間とともに拡大していきます。
同じように幸せになるための「最低限の金額」を一度設定すると、そこから、際限なく金額が増え続けます。
しかし、それを繰り返しても「幸せになるには、最低限のお金が必要だ」という約束は決して果たされることはありません。

「組織において人はおのおのその無能レベルまで昇進する」という「ピーターの法則」[注釈12]にならって、私の友人は自分の名前をとって「バーの法則」なるものを作りました。

これは、「人は幸せになれる金額として設定した目標のレベルに達すると、目標金額が2倍になる」というものです。最低限の金額は、将来の欠乏に対する恐れから設定されているので、目標が達成されたからといって、その恐れが消えることはありません。そして、今度こそはと期待して、また新たな目標を設定し続けるのです。

注釈12 「ピーターの法則」とは、ローレンス・J・ピーターがレイモンド・ハルとの1969年の共著『ピーターの法則（The Peter Principle）』において提唱した概念。人は昇進を続けると、どんな人も、いずれは自身の能力の限界に達してしまい、能力を発揮できなくなるので、結局、階層組織では、人材が無能化してしまうことを説明しています。

IMFや世界銀行などの機関が善意で行った支援プログラムが不本意な結果になってしまうのも、同じメンタルモデルに起因しています。

第三世界の国々で、最低賃金を増やすことで貧困を緩和しようと取り組んだ結果、貧困がさらに悪化する場合があります。彼らの所得が増えたとしても、かえって地域文化の回復力や自律性・自己決定力が衰え、外部の人や地域の管理外の要因に依存するようになります。結果、貧困がさらに悪化します。

この病を解決する解毒剤は、この嘘の構造全体を感じ取って解体していくことです。

そのためのサポートとして、インド準備銀行（インド国立銀行）の専務理事であるY.S.P. ソーラット氏が講演で語った話を紹介します。

インドは多くの「発展途上国」と呼ばれる国々と同様に、大きな構造変化を経験しています。農村の、特に若くて体力のある人々は、家族を養うためにより高い収入を求めて都市に移住しました。

ソーラット氏は、銀行での長年のキャリアを勤め上げたあと、特別な研究のためにサバティカル休暇を取ることにしました。インドの根強い貧困問題をより深く理解し、金融セクターが農村の貧困層をより効果的に支援できる構造を見つけるためです。

彼はアンケートを持ってバイクでインドを旅し、最も貧しい農村地帯を訪れ、そこで最も困窮している人々と話すことにしました（匿名での調査を試みましたが、前後に２台ずつの車が護衛についたため、うまくいきませんでした）。

ある日、丘の上に集落のようなものがあることに気付き、ふもとでバイクを降りて、頂上へと歩いていきました。たどり着くと、住民はわずか18人しかいない荒れ果てた村がありました。
彼が歩き回っていると、ボロボロの家に住む女性が床に座るよう招いてくれました。家には何もなく、彼女も何も持っていませんでした。
ソーラット氏はここでアンケートを取っても、何の意味もないことを悟りました。

しばらく話をしていると、彼女は「何か食べますか？」と言って外に出ると「ほら、こんなにたくさんあるわよ」と言わんばかりの振る舞いで、小さなナチナバクリ（粗い穀物のケーキ）と塩漬けの魚を持ってきて、彼に分けてくれました。彼は断ることができず、謙虚にその申し出を受け入れました。

彼は深く心を打たれ、帰り際に彼女に何かできることはないかと尋ねました。すると彼女は言いました。

「友よ、あなたに何ができるというの…。ここは恐ろしい果ての世界なんですよ」

ソーラット氏は、これが銀行員としての生涯において最も心を揺さぶられた重要な体験であったと語りました。

彼はわかりやすい年表を使って自身が1947年以降に実施したこと、金融セクターに関わる様々な構造改革やスキーム、インドの専門家や政府関係者による農村の貧困緩和策について詳細に説明しました。彼はこれらの取り組みが失敗に終わったことを認め、「根本原因に踏み込まずして、構造改革は成功しない」と結論付けました。

質疑応答の時間に、ある人がソーラット氏に質問しました。
「もし幸福度を測ることができるとしたら、その村にいる女性と都市に移住した人のどちらが幸せだと思いますか？」

ソーラット氏は一瞬の迷いもなく即答しました。
「その女性の方が千倍も幸せです！」

イタリアからの追記
最近発表されたイタリアの心理学者の研究によると、イタリアの子どもたちは、教育水準はヨーロッパで最下位ですが、幸福度は最高位である。
この豊かさの秘密は何かと問うと、答えは
「ノンニコッコラティ（抱きしめてくれるおじいちゃんおばあちゃん）」
だそうです。（2001年11月26日　Gassetta Della Mazzegiorno紙）

お金の真実を探究するための問い

☑ もし幸福度を測ることができるとしたら、村にいる女性と都市に移住した人のどちらが幸せだと思いますか？

5 番目の嘘

最高の商品や
サービスが
最高の利益
をもたらす

これが本当だったらいいですが、残念ながらそうではありません。

多くの人が、確実に大金を稼ぐ方法を知りたがります。それ自体は、そんなに難しいことではありません。

目もくれず金儲けだけに没頭すればいいのです。まず、うまくいくでしょう。

この方法は他人を踏みにじることですか？
そうかもしれません。

自分の信念を曲げますか？
たぶんそうです。

賄賂や汚職を意味しますか？
絶対確実に手っ取り早く儲けたい、というのであればそうでしょう。

身を守る必要があるくらいに、生活を危険にさらすことですか？
おそらくそうです。

「私は、すばらしい社員とお客さんに囲まれて、良いモノを提供し、みんなを幸せにしたいと思っているのに、善行からは大金を稼げないとでもいうのか？」
あなたはこう叫ぶでしょう。

繰り返します。たぶんそうです。
ビジネスに善良でまっとうな価値観を持ち込んだとたんに、大金を稼ぐことは保証されなくなります。良識ある人間であることと、お金の見返りは紐付いていないのです。これまで、多くの人がこの道を歩んできたうえでの教訓です。

このような悲観的な主張をする背景を説明します。

すべての企業が価値観を大切にして事業を営む社会にならない限り、その価値が適正に価格に反映されることはありません。それは、消費者の購買、投資の選択、企業活動が、人間や環境への尊厳を重視することによって支えられている社会です。そこには、プロジェクトに一種のオーラを与える、目に見えない要素も含まれています。実現には先行して、時間、エネルギー、意識、そして資金が必要になります。

ところが、現在はそのような状況にはありません。

古典派経済学は「市場は完全である」という仮説を唱え、私たちはそれを信じ込まされています。しかし、実際の市場は「完全」からはほど遠いものです。

市場に品質の違いを評価できるだけの正確な情報が十分にあれば、私たちは必要なお金を払いたくなるかもしれません。しかし実際は、市場の情報は不完全です。代わりに「安ければいい」という消費者心理を助長しています。

さらに、現在の価格システムは、企業金融がもたらす複利の影響で大きくゆがんでおり、価格と価値はまったく関係がなくなっています（複利については、この本の後のセクションで触れます）。

オスカー・ワイルドは今日の状態をこう予言しています。

> 「人々はすべてのものの価格を知っているが、価値については何も知らない」

注釈13　「価格」とは、モノやサービスを購入するときに、あなたが支払う対価のことですが、それによってあなたが得ることができる満足感や機能、効果である「価値」の大きさを示すとは限りません。「価格」には、それを提供するまでの原材料費や物流費、人件費、研究開発費などのほかに、その資金を誰かから借入したときの利子も含んでいます。しかも同じ商品であっても、国や地域ごとの経済環境や市場競争の状態によって価格は異なります。一方で「価値」はそれを購入する人による主観的なもので、その判断基準は人によって千差万別です。たとえば、ほんの数時間の宇宙旅行体験のために数億円を支払う人もいれば、たとえお金をもらえたとしても宇宙旅行をしたくないという人もいるでしょう。このように、「価値」と「価格」は関係があるように見えて、本来は無関係なものなのです。

もし、あなたが起業家としてこの状況に冷静に向き合うなら、最終的に次の選択を迫られます。

- お金を稼ぐことに執着する
- 価値ある製品やサービスの提供にひたすら邁進する（この例を、あなたが見かけることは稀です）

この二つのモデルは真逆ですが、共通点があります。
それは、どちらも一つの目標のみに全力を注ぐということです。

しかし、多くの企業がこの二つの目標を両立させようとしてややこしいことになっています。
たとえば、社員のやる気を引き出そうと価値観に基づくアプローチを取り入れようとしながら、金儲けもそこそこ頑張ろうとします。あるいは、財務的成果を求められる制約を仕方なく受け入れつつ、その中で本物の価値の創造や表現をしようとします。
皮肉っぽく聞こえるかもしれませんが、客観的に見た、今の厳しい現実です。

対立する複数の最上位の目標に対して、無期限で同時に全力を注ぐことはできません。いつか目標間で対立が起こると、その時点でどちらかを選択せざるを得なくなります。
現在では、多くの人が無意識のうちに、価値よりも財務的成果を優先するほうを選択します。それは、この本で紹介する「嘘」によってもたらされています。

しかし、私たちの意識が変容し、価値に基づく活動が増えてくれば、価値と価格が調和し、品質が価格や利益に反映されるようになるかもしれません…。この未来に奏でられる旋律は、今は誰も聞いたことがありません！

最後に一言。

最高の製品とサービスを提供している企業の業績が不安定で予測不能だとしても、その企業が存続していく可能性は十分にあります。必ず持続していけるのです！

その方法を知るために、このあとを読み進めてください。

お金の真実を探究するための問い

☑ 最高の商品やサービスが最高の利益をもたらすのでしょうか？

6番目の嘘

私が存在しているのはお金のおかげだ

自分をつねってみて、さあ、今つねって！

ほらね、お金があってもなくても、あなたはここに存在しています！

存在は、生まれた瞬間からあなたに備わっていて、人生に必要なすべてのニーズを満たしてくれます。安心するときも、不安なときも。

安心の問題については、このあと触れます。

お金の真実を探究するための問い

☑ お金があってもなくても、あなたはここにいると感じられますか？

7番目の嘘

お金があれば
安心だ

「お金がないと安心できない」は、「空気がないと呼吸ができない」と同じくらいに切っても切れない関係に見えます。有価証券のことを「セキュリティ^{注釈14}」とも呼ぶくらいですから、これは嘘ではなさそうです。

注釈14 「安全」「保証」を意味する英語「security」が「securities」という複数形になると、「証券」という意味を表します。

ところが、これは嘘なのです。いくらお金があっても、安心は数分も続かないでしょう。

思い出してください。お金があることで、あなたにパワーや幸福がもたらされましたか？　それとも、もたらされませんでしたか？

同じメカニズムがここでも働いています。ある程度のお金や富があれば安全が保証されるという幻想です。
現実的には、いくらあれば大丈夫という金額を設定することはできません。お金をどれだけ持っていても、いつも心のどこかに不安がつきまといます。快適に暮らしていくために、あと少し、もうちょっとの貯金が必要だと。

このストーリーはあなたが最初に銀行口座を開設した日から始まります。残高が増えてくると少し安心して、二つ三つと口座を開設し、投資も始めるでしょう。それは不動産か、ひょっとすると美術品や宝石かもしれません。
あなたを衝撃から守るための「クッション」がどんどん膨らんでいくように、必要な安全対策や保険サービスも増えていきます。そのうち、それらを管理する必要も出てきます。

気が付いたとき、あなたの人生は本来の目的を忘れ、財産を失わないこと、そして財産を守ることになっています。これを維持するためにはお金がかかるので、さらにたくさん稼がなくてはいけません。

もしあなたが成功者なら、防弾車や最新の電子監視システムと高い壁に囲まれた豪邸が必要になるでしょう。あろうことか、そのような特権を手にしているのは、トップクラスの犯罪者たちです。あなたの行動も、その犯罪者たちと大差なくなるかもしれません！

あなたが南米の犯罪集団のトップに君臨するボスだったら、今この本を専用ヘリコプターの中で読んでいるかもしれませんね。危険にさらされて、車で友人を訪ねることさえできないあなたは、ヘリコプターを手放せません。どうしたことか、あなたの人生は、あなたが意図しないところに追い詰められたのです。

ここまで極端でなくても、あなたが「お金があれば安心」という嘘を信じ、それに従い続けるならば、あろうことか、あなたは自分で作った安心という名の牢獄の中で人生を過ごすことになるかもしれません。安心を求め続けたすえに、不安の牢獄に自分を閉じ込めるのです。

この嘘に気付くことが、その囚われから自由になる第一歩です。

ちょっと寄り道
ここで小休止を挟みましょう。
そろそろ読み続けるのが辛くなってきていますか？
もしそうなら、あなた自身がお金とパワー、お金と幸せ、お金と安心を切っても切れないものとして過ごしてきたからかもしれません。それが「嘘だ」と言われても到底受け入れられないでしょう。

ここで、二つのことを区別しておきましょう。

1つ目は、「持続する幸福感・安心感」と「お金を手にしたときのいっときの高揚感」は違うということです。
この本が焦点をあてているのは前者です。

2つ目は、「経験すること」と「知ること」を区別することです。これはまえがきで触れました。

私たちは経験を通していろいろなことを学びます。今ある科学的知見は、先人たちが行った繰り返しの経験と検証のうえに構築されたものです。

しかし、経験には限界もあります。我が師の一人、ライオネル・ファイフィールド[注釈15]は、「経験とは過ちを繰り返すための言い訳である」と言いました。「経験は学びの源泉である」という一般的な考えとはなんとも対照的です。我々が経験から学んだつもりになっていることはただの条件反射に過ぎず、「ありえない真実」や「本当かと思わせてしまう嘘」にさえなりうるとファイフィールドは主張します。

たしかに私たちが、実際に経験してきたことには説得力があります。しかし「知ること」は「経験すること」を超えた真理です。

注釈15 ライオネル・ファイフィールド：オーストラリアの都市ブリスベンにあるThe Relaxation Centre of Queenslandの創設者。

私が読者の皆さんに訴えたいのは、経験や慣習を超えたところから、これらの「嘘」に関わっていくスタンスを持つことです。
「知ること」には自然で普遍的な本質が体現されています。「知ること」とは、ただそうだからそうなのです。経験することも、証明される必要もありません。

母ワニは卵や孵化したばかりの子ワニを口に入れて守りますが、経験に基づいてそれをやっているのではありません。ただ知っているだけなのです。

しかし、私たちは「経験」や文化的な刷り込みに縛られて、「知ること」をないがしろにし、忘れ去ります。

この本での「嘘」は、隠れていた真実を明らかにしていくものであり、あなたが「知ること」をもう一度思い出すための誘いです。

しかし、真実を「知ること」は、当然、「本当にそうか」という疑念や「そんなはずはない」という抵抗、または皮肉の感情とともにやってきます。それらの感情は皆さんにとっての深い自己探究と内省の機会となります。
この疑念、抵抗、皮肉は、経験を超えて、「知ること」を思い出し、「再びつながること」が起きた瞬間に消え去ります。

この本を読むのが難しいと感じても大丈夫です。「本当にそうか」「そんなはずはない」と感じても、また「知ること」や「再びつながること」がどういうことか理解できなくても、気にせずに読み続けてください。

この本は全体を通して読む必要があります。最後まで読み終えるまで最終判定を下さないでください。
ここに述べられている真実が真実と呼ぶに値するものであれば、疑念や抵抗、皮肉は消え去ります。そうでなければ、残り続けます。その最終判定はあなたに委ねられています。

お金の真実を探究するための問い

☑ お金があることで、あなたにパワーや幸福がもたらされましたか？ それとも、もたらされませんでしたか？

8番目の嘘

お金は政府や中央銀行が作っている

私たちがポケットや財布に入れて持ち歩いているお金は、中央銀行や政府から委託された事業者が鋳造・印刷したものです。[注釈16]

これらの紙幣やコインには、貨幣発行の主権が政府と中央銀行にあることを示すシンボルが描かれています。

しかし…。

注釈16 　日本で貨幣（紙幣）を印刷しているのは国立印刷局、硬貨を鋳造しているのは造幣局です。国立印刷局、造幣局はともに財務省が所管する独立行政法人です。

お金が創造され、流通していくまでのプロセスを詳しく見てみましょう。

普通、民主主義では有権者が政府にお金を創造し発行する権限を委ねています。
ここが最初のポイントです。アリストテレスが、お金を発行する権利は君主にのみ帰属すべきだと提唱して以来、この権利が人々から剥奪されているのです。[注釈17]

今日、お金の発行は一般の人が触れられないところで行われます。そのため、ほとんどの人は、自分の名のもとにお金の製造と流通がされているにも関わらず、その最終責任が実は自分にあることを知りません。国民は、お金を発行する権限を国に「委譲」しているのではなく、自ら「放棄」しています。硬貨や紙幣は、中央銀行、商業銀行、地方銀行を通じて人々に届けられますが、人々にはこの活動の責任が最終的に自分たちにあるという意識はほとんどありません。

注釈17　出典は、Joe Cribb（編）(1986), Money: From Cowrie Shells to Credit Cards, p.48。その元はアリストテレスの著作（偽書説もある）とされる Oeconomica（『経済学』あるいは『家政論』）の第2巻第1章です。そこでは、経済の4類型（王、地方政府、都市、個人）を示したうえで、王の経済が管轄する4分野として、貨幣鋳造、輸出、輸入、(財政)支出を挙げています（岩波書店『アリストテレス全集15経済学』など）。アリストテレスは『政治学』第1巻第7〜8章で、物々交換から貨幣（コイン）が誕生する過程を描いています。また、『ニコマコス倫理学』第5巻第5章では、貨幣は合意の産物であり、制度的な産物として発展してきたこと、共同体社会を構成する人々の「申し合わせ」あるいは「社会的合意」によって人為的に創造されたと唱えました。

次に注目すべきポイントは、政府は通常、自らお金を発行するのではなく、中央銀行にその権利を無償で譲り渡しているということです。中央銀行とはいったいどのような存在なのでしょう。[注釈18]

中央銀行は、独立した法令を持つ公的機関の場合もあれば、採算を考慮する企業である場合もあります。

注釈18　政府が中央銀行に「お金を発行する権利」を無償で譲渡することでもたらされる重大な影響の一つは、政府が公共サービスに必要な資金を、しばしば借金によって補わなくてはならなくなることです。その借金の利子は有権者が負担し、それはこの無報酬で権限委任された側の利益になります。利子に利子がつく複利効果により、この負債はかなりの額に膨れ上がることがあります。第三世界の債務問題は、その最もよく知られた例です。もし政府がこの貨幣発行権を自分たちの手に取り戻せば、当然、無利子で、自分たちで貨幣を発行することができます。

たとえば、米国の連邦準備制度理事会（FRB）[注釈19]は採算を考慮する企業です。FRBの株主は、大手の商業銀行です。国によって程度の差はありますが、通常は、中央銀行が政府から独立してお金の発行を自律的にコントロールしています。貨幣を発行するという強大な権力は、国家の政治的プロセスから切り離しておいたほうが賢明であるという理由です。

中央銀行の役割は、金融と経済の領域に専念し、システム内に適量の貨幣供給を行うことで、経済活動に適した安定した環境を提供することです。
政策をめぐって中央銀行と政府の間で対立が起きたとしても、必ずしも悪いことではないとされます。むしろそれがシステム内のチェック・アンド・バランスとして機能するからです。

注釈19　連邦準備制度理事会（Federal Reserve Board, FRB）は、米国の中央銀行制度である連邦準備制度（Federal Reserve System, FRS）の最高機関で全国12地域の連邦準備銀行等で構成されています。各地区の連邦準備銀行は株式法人であり、法律により、FRBに加盟している各地区所在の商業銀行には一定額の株式保有が求められています。連邦準備銀行は株式会社として採算を考慮しています。各準備銀行は、すべての必要経費、配当金支払、限られた余剰資金の維持に充てたあと、純利益を米国財務省に送金することが法律で義務付けられています（参考：「FRB」公式サイト）。

ここまでは、中央銀行が有権者から委任された権限を使って、お金を発行し、流通させていることを説明しました。この権限を使って、中央銀行は硬貨を鋳造し、紙幣を印刷し、それらを国中に流通させます[注釈20]。これをもって「お金は政府や中央銀行が作るものだ」という主張が「嘘」とはまだ言い切れません。

しかし、硬貨や紙幣は、創造されて流通するお金のほんの一部に過ぎません。国の通貨の大部分は、商業銀行などの金融機関で、銀行融資と会計システムを通じて創造・生成されています（このことは、標準的な経済学の教科書やその他の文献によく記載されています）。

注釈20 中央銀行は、法律と人間心理に配慮しながら、直接的な市場コントロールを通じて、構造全体を調整しようとします。これはまるで、ドライバーが後ろ向きに座って、進行方向を映すバックミラーを見ながら、アクセルとハンドブレーキを使って連結トラックを運転しているようなものです！

ここからは、お金を国が発行する通貨に限定せずに見ていきましょう。
貨幣の定義を、「コミュニティ内で財やサービスを享受する[注釈21]ことに正当性を与えるもの」とまで拡大すれば、より広い包括的な視点を得られます。

これにより国内で誰がお金を作り、そのためにどのような手段が使われているかを整理すると次ページの「お金の仕組みマップ」のようになります。

注釈21　この本では、通貨に対して正当性を与える人々の集団に対して「コミュニティ」という表現をしています。その代表的なものは国家ですが、地域通貨を利用する地域コミュニティや、国を跨いで共通の通貨を使用している場合（ユーロ経済圏など）も、「コミュニティ」とここでは捉えます。

お金の仕組みマップ

誰が作るのか？	単位は？	どんな形態？
中央銀行	自国通貨 (例：円、ドル、以下同じ)	硬貨・紙幣
		中央銀行預金口座 (例：日本の銀行が日本銀行に持つ当座預金口座)
商業銀行	自国通貨	銀行口座
		金融派生商品
クレジットカード会社 （その他）金融機関 (例：リース会社、消費者金融)	自国通貨	銀行口座
		金融派生商品
物々交換スキーム	独自通貨 (例：個、キロ)	独自口座 (例：台帳)
相互信用スキーム (例：タイムダラーシステム) (例：LETS地域交換取引制度)	独自通貨 (例：時間（タイムダラーシステム)) (例：グリーンドル（LETS))	独自口座 (例：タイムバンク口座、LETS口座)
		独自紙幣
電子通貨発行会社	自国通貨 (例：円)	銀行口座
	独自通貨 (例：各地域通貨の単位)	独自口座 (例：各地域通貨の口座)
ポイント発行会社 (例：航空会社、家電量販店、通信事業者、書店)	独自通貨 (例：マイル)	独自口座 (例：航空会社マイレージ口座)
	自国通貨 (例：円)	プリペイドカード、トークン (例：図書カード)
		銀行口座
個人	独自通貨	派生契約型証書（通常貨幣として扱われないもの）：自国通貨建ての借用書
	独自通貨	派生契約型証書（通常貨幣として扱われないもの）：自分が提供するサービスと時間の借用書
法人・地方自治体・国	自国通貨 (例：円)	債券、有価証券、その他の譲渡可能金融商品（通常貨幣として扱われないもの）、保証書

「お金は政府や中央銀行が作るものだ」という「嘘」に絡めて、特に注目すべきポイントが二つあります。

1つ目は、現存するお金の90％以上は、政府や中央銀行ではなく、商業銀行やクレジットカード会社など（表で太字で示されています）によって作られているという点です。注釈22

2つ目は、政府や中央銀行でない、いかなる個人やグループでも、お金を作って流通させることができる、ということです。

自ら創作した通貨システムを機能させる条件は、そのお金が示す意味や約束を第三者が受け入れるだけでよいのです。
そう言われても、大半の人は目の前の現実からあまりにもかけ離れているので、「そんなことはあり得ない」と感じるでしょう。
そこで、現在、商業銀行やクレジットカード会社が貨幣創造を「独占」するに至ったプロセスを「見破る」ために、お金を創造することの権力や権威、責任について深く考えていき

注釈22　日本で「政府や中央銀行が作るお金」は日本銀行によるマネーストック統計で公表されている現金通貨の平均残高の115兆円がそれに該当します（2023年度）。これとは別に、商業銀行など銀行が作るお金である要求払預金（普通預金や当座預金など）と定期預金などの合計は1,592兆円、さらに、クレジット会社が消費者の買物代金を立て替えたり、ローンとして信用供与しているお金が約7,445兆円あります（参考：「一般社団法人日本クレジット協会　2022年12月」）。これらの「政府や中央銀行以外が作るお金」を合計すると約9,000兆円になり「政府や中央銀行が作るお金」の実に78倍におよびます。

ましょう。

このセクションの締めくくりとして次の問いを投げかけます。商業銀行やクレジットカード会社（Visaは商業銀行によって所有されています）は世界のお金の90％を創造しています。しかし、彼らの活動の規模や範囲は会計レポートには明らかにされていません。
お金が創造されていくプロセスの中で、実際の権力や権威を持ち、責任を取るのは次のうちの誰でしょう？

銀行の支店長？
融資責任者？
監査役？
経営陣？

それとも、株主？
複利の効果で何もしなくても残高が増えていく富裕層の顧客？

もしくは、裏でレバーを操っている影の実力者たち？
お金を持たない、または必要としないように見える人たち？

それともあなた自身？

お金の真実を探究するための問い

- ☑ 中央銀行とはいったいどんな存在なのでしょう？

- ☑ お金が創造されていくプロセスの中で実際の権力や権威を持ち、責任を取るのは次のうちの誰でしょう？　銀行の支店長？　融資責任者？　監査役？　経営陣？　株主？　複利の効果で何もしなくても残高が増えていく富裕層の顧客？　裏でレバーを操っている影の実力者たち？　お金を持たない、または必要としないように見える人たち？　それともあなた自身？

9 番目の嘘

お金とは
コインと紙幣
のことだ

一つ前のセクションでは、「誰が」お金を創造しているのかに焦点をあてました。そこでは、創造されるものが単なるコインや紙幣以上の「何か」であるという手がかりを手に入れました。

このセクションでは、その「何か」が何で、「どのように」創造されるのかについて詳しく見ていきます。

お金が創造される最も代表的な形態は、中央銀行が発行するコインや紙幣だということは、たしかに嘘ではありません。

しかし、それは、お金の総量から見るとほんの一部です。お金は次の四つの方法で創造されます。

【1つ目の方法】コインや紙幣としてのお金の創造
これは、商品やサービスを購入するための通貨として存在します。

【2つ目の方法】お金が使われる過程での創造
この場合、あなたが誰かから価値のある商品やサービスを受け取るとき、その人に対して「商品、サービス、または金銭の支払いを約束します」と紙に書きます。この紙切れが「お金」です。

この2つは、私たちが商品やサービスを取引する過程で創造されるお金です。^注釈23

どちらも商品やサービスと、支払い約束を記した紙（銀行券や約束手形^注釈24）とを交換しており、その約束が実行された時点で償還されて終わりです。償還までの期間に、価値を持った手形は手から手へと渡り、多くのものと交換されていきます。

つまり、これが、ほとんどの人が理解している「お金」です。

注釈23　ここで示した二つのお金の創造の仕方の違いを説明します。
　1つ目の方法では、支払い約束を記した紙が最初に発行されます。それを持っている人は、自分で作成したか、以前に第三者との交換で受け取ったかに関わらず、その紙を持って買い物をすることができます。
　2つ目の方法では、購入者は何も持たずに買い物に出かけます。ほしい商品やサービスを受け取った瞬間に、購入者は提供者に対して支払いを約束する債務が発生します。お金の形態としては紙幣、コイン、トークンなどの物理的な形、あるいは記録として管理される形の違いはあるものの、いずれの場合でも、サービスを提供した人にとっては会計上の資産となり、購入者にとっては債務として管理されます。
　トークンとは、英語で「しるし」「証拠（品）」。転じて従来のお金の代わりに使うことができる「代替貨幣」という意味で使われており、ポイントカードや図書カードなどの商品券はトークンの一形態です。最近ではデジタルマネー（暗号資産）のことを「トークン」と呼ぶこともあります。

しかし、3つ目と4つ目のお金の創造のされ方は、まったく異なる性質を持っています。

【3つ目の方法】貸付によるお金の創造
この場合、銀行やクレジットカード会社、その他の金融機関は顧客が借金することを許可してお金を貸し付けます。
通常、これは事業のプロジェクトや住宅購入などの特定の目的に関わるものです。

たとえば、顧客に対して限度額を設定したうえで小切手の発行を許可することがこれにあたります。小切手が発行されると、顧客は金融機関や銀行に対して、「小切手を受け取った人に対して書いてある金額を支払ってください」と要求することになります。

注釈24　約束手形とは「将来、決まった日に決められた金額を支払います」という約束を文書にした有価証券。たとえば、建築業者が材料の木材を購入したときに、その材料を使って建てた家が売れて現金が入るまでの支払い猶予期間がほしいときに「3ヶ月後にこの金額を払います」と言って金額、受取人、支払期日などを明記し、発行者が支払いを約束する署名をした約束手形を将来お金を受け取る人に渡します。約束手形は、支払いの信用性を高め、取引の安全性を確保するために利用されます。

通常、それを受けて受取人の取引銀行は、受取人の銀行口座に要求された金額を入金します。この時点で、顧客（小切手の発行者）が自分の取引銀行に負った債務の分が、新たなお金として創造されています。

今度は、その受取人の取引銀行は受け取った預金を元手に新たな別の貸付を第三者に提供できることになります。

このように貸付が行われる各段階において、顧客が金融機関に負う債務という形で、新たなお金が無から創造されていきます。

多くの文献では、銀行がこのようにして無からお金を創造すると述べていますが、厳密にいうとこれは正確ではありません。

実際に、お金を創造しているのは、小切手を発行した瞬間に借金をした顧客です。とはいえ、このような仕組みを可能にしているのは金融機関であり、それを含む中央銀行、銀行間決済システム、法律、規則、規制などが合わさった銀行や金融機関の構造全体です。

銀行や金融機関に何もないところからお金を創造できるほどの信頼があるのなら、わざわざ貸付という複雑な手続きを踏まなくても、シンプルに自分たちでお金を創造すればいいのに、なぜそれをしないのでしょうか？
これには二つの答えがあります。

まず1つ目は、銀行や金融機関はすでにお金を創造しているということです。

すでにある「支払い約束を記した紙（お金）」を土台としてそのうえに「派生取引」という新たな支払いの約束、つまり、新しいお金の階層を積み上げました。

派生取引の中の金融派生商品は量的に膨らむこともありますが、それはギャンブルのチップが積み上がったようなもので、商品やサービスで成立している現実世界では使いにくいものです。

これら金融派生商品を含む派生取引の総額が正確にどれだけあるかは銀行の会計報告やバランスシートでは明らかになっていません。銀行はこれらを会計報告にどう記載するかをある程度恣意的に判断できます。

とはいえ、仮に銀行が無から生み出したお金を「(現実の)価値ある商品やサービス」の買い占めに使ってしまったら、あまりにもあからさまなので人々の反発を招いてしまい、それを続けることはできないでしょう。

それが「なぜ金融機関が自分たちでお金を創造しないのか」という疑問に対する2つ目の答えです。

同じような戦略を持ちながらも、はるかに繊細で、かつ安定的にお金を創造できる仕組みとして、第4のメカニズムがあります。

【4つ目の方法】利子というお金の創造

先に示した3つ目の方法によって、お金が貸し付けから創造されると、それにともなって、今度は利子というお金が創造されます。

（ⅰ）ほとんどの国において、利子が「先行する費用」[注釈25]になっています。

注釈25　たとえば借金を全額全部返済することができない場合は、元本よりも利子分の返済を優先する、ということを指します。
日本でも「民法第489条―元本、利子及び費用を支払うべき場合の充当」で「債務者が一個又は数個の債務について元本のほか利子及び費用を支払うべき場合（略）において、弁済をする者がその債務の全額全部を消滅させるのに足りない給付をしたときは、これを順次に費用、利子及び元本に充当しなければならない」と定められており、特段の合意がない限り、利子の支払いは元本に先行します。

（ⅱ）複利的性質[注釈26]によって、時が経つに連れて利子が蓄積され、大きな額になる可能性があります。

　たとえば100円に年間5％の利子がつけば、1年後には元本と利子あわせて105円になります。ここで、1円も使わずに105円を新しい元本として再投資して、さらに2年目にも5％つけば、110.25円に、次の年末には…、という感じで蓄積されていきます。この調子で10万円を30年、年利5％で複利で運用を続ければ受け取る利子にも利子がつくので、30年後には432,200円になります。

（ⅲ）貸付を実行するときには通常、顧客が不動産や個人保証などの換金可能な担保を金融機関に提供します。これにより、金融機関にとってはとても健全なビジネスをすることができます。

　前のセクションのお金の仕組みマップに追記する形で、それぞれのお金の種類ごとに創造する方法を示しておきます。

注釈26　複利的性質：元本だけでなく、「利子が利子を生む」という考え方のこと。

お金の仕組みマップ

誰が作るのか？	単位は？	どんな形態？	発行された時点で価値が発生	契約された時点で価値が発生	貸付／与信によって発生	利子によって発生
中央銀行	自国通貨 (例：円、ドル、以下同じ)	硬貨・紙幣	○			
		中央銀行預金口座 (例：日本の銀行が日本銀行に持つ当座預金口座)			○	
商業銀行	自国通貨	銀行口座			○	○
		金融派生商品	○			
クレジットカード会社 (その他)金融機関 (例：リース会社、消費者金融)	自国通貨	銀行口座			○	○
		金融派生商品	○			
物々交換スキーム	独自通貨 (例：個、キロ)	独自口座 (例：台帳)		○		
相互信用スキーム (例：タイムダラーシステム) (例：LETS地域交換取引制度)	独自通貨 (例：時間(タイムダラーシステム)) (例：グリーンドル(LETS))	独自口座 (例：タイムバンク口座、LETS口座)		○		
		独自紙幣	○			
電子通貨発行会社	自国通貨 (例：円)	銀行口座				
	独自通貨 (例：各地域通貨の単位)	独自口座 (例：各地域通貨の口座)	○			

(次ページへ続く)

ポイント発行会社 (例:航空会社、家電量販店、通信事業者、書店)	独自通貨 (例:マイル)	独自口座 (例:航空会社マイレージ口座)		
	自国通貨 (例:円)	プリペイドカード、トークン (例:図書カード)	○	
		銀行口座		
個人	独自通貨	派生契約型証書(通常貨幣として扱われないもの): 自国通貨建ての借用書		
	独自通貨	派生契約型証書(通常貨幣として扱われないもの): 自分が提供するサービスと時間の借用書	○	○
法人・地方自治体・国	自国通貨 (例:円)	債券、有価証券、その他の譲渡可能金融商品(通常貨幣として扱われないもの)、保証書	○	

ここまで、現存するお金の約90％が、銀行や金融機関によって創造されていることを見てきました。お金は、利子をともなう貸付のプロセスを通しても生み出されているのです。物理的に発行されるコインや紙幣は、マネーストック全体の中でほんのわずかを占めているに過ぎません。

お金の真実を探究するための問い

- [x] お金とはコインと紙幣のことなのでしょうか？

10 番目の嘘

お金は、ゴールド（金）などによって価値を裏付けられている

現在使われている通貨制度の起源をさかのぼってみましょう。

1688年10月16日
「チャイルド殿　この手形を持参する者に私のお金をお支払いください」

ジャックビル・タフトン
グレーブセンド港

この文面は、イングランドの貿易商が銀行家のチャイルド氏に対して発行した「小切手」です。
これは当時、取引に使用されるお金の機能を持つことになった三つの紙のうちの一つです。

残りの二つも説明しましょう。

- イングランド銀行総裁が署名した「銀行券」。
  持参人の要求に応じて、一定量のスターリング金貨、たとえば1ポンドを支払う約束がなされています
- ゴールド（金）やその他の貴重品を預けたときに発行される「預かり証」

これら3種類の紙はすべて、金やその他の貴重品によって完全に裏付けられていました。銀行を意味する「バンク（bank）」とは、もともと金細工師の店にあった「ベンチ」または「棚」を表す言葉です。その棚には、紙幣を裏付けるゴールド（金）が保管されていたのです。

現代の人は、お金が手元にあって日々の取引に支障がなければ、それがどのように作られ、その価値がどう裏付けされているのかについて、わざわざ気にすることはありません。たいていの人は、お金そのものが価値を持っていて、それはきっとゴールド（金）か何かの実物で裏付けがされているだろうと思い込んでいます。

しかし、国が発行するお金は、時代とともにゴールド（金）などの実物の価値の裏付けを失ってきたという認識は徐々に高まってきています。

今日の経済が成立するずっと以前のこと、お金は実物の価値と一体のものとして誕生しました。

その後、いくつもの段階を経て、お金と実物価値の関係は薄れていき、1971年の金本位制の廃止によって、ついに最後のつながりが絶たれました。

これらの詳細な歴史については、他の書籍でもよく取り上げられていますので、ここではその要点だけ説明します。[注釈27]

第1段階：価値を持つ実物がお金になった

最初のお金は、共同体において実体的な価値を持つものとして物々交換に用いられていましたが、それは共通のモノサシである価値を示すものではありませんでした。

やがて、実用的な価値を持つ大麦や、象徴的な価値を持つ貝殻などが共通の価値を持つお金になっていきました。

注釈27　推薦書
Bernard Lietaer（2002）, The Future of Money, Random House（小林一紀・福元初男訳『マネー崩壊―新しいコミュニティ通貨の誕生』、日本経済評論社、2000年）
Richard Douthwaite（1995）, Short Circuit, Green Books

第 2 段階：価値ある実物に裏付けられた代替物がお金になった

ⅰ）たくさんの人が共通に価値を認め交換できる単位にするために、お金が同じ形に加工されました。

材料には、金や銀などの希少金属が使われました。小さくて持ち運びしやすいように加工でき、本物と偽物の区別が簡単だからです。

金貨や銀貨は、それ自体が価値を持っているので、その価値を裏付ける必要はありません。

ⅱ）紙の「預かり証」

金細工職人や銀行家たちは、ゴールド（金）などの貴重品を保管するとき、所有者に対して「預かり証」を発行しました。この「預かり証」や「銀行券」はそれ自体が他の取引にも使用されるようになりました。

その「預かり証」や「銀行券」は実際に保管されているゴールド（金）や貴重品によって裏付けられていました。

ⅲ）紙幣、手形、保証書は、誰もが、何かと引き換えに完全に裏付けられた銀行券を提供することの約束として発行します。これらは銀行券と同様に取引の過程で使用されます。この本では、これらの約束も「金融派生商品」と呼んでいます。すでにある金融商品（この場合は銀行券）から派生しているからです。

金融派生商品は銀行券によって価値が完全に裏付けられており、その銀行券はゴールド（金）やその他の貴重品によって裏付けられています。
つまり、第2段階では、完全に価値が裏付けされている範囲でのみ、お金が発行されていました。

第3段階：実物の価値を超える額面価格のお金が発行された

ⅰ）コインには、そのコインに使われている金属の価値を上回る額面金額が表示されています。誰かがすべてのコインを集めて発行者のところに持っていき、「この額面相当の金属に交換してください」とお願いしても「無理だ」と断られるでしょう。

ということは、コインが発行される仕組みは、いずれは壊れる危険性がある「虚構」だということです。現実には、同時に償還を求められることが起きえないという前提でコインとして機能します。

この「虚構」で作られた仕組みが経済に刺激を与えます。人々は自分たちが実際よりも豊かなフリをすることができるので、企業活動や成長が刺激されていくのです！　このイノベーションによって、お金はその材料が持つ金属の価値を超えた、実体のない象徴としての性質をまといます。

時間が経つにつれ、この実体のないお金の性質が信頼されるようになると、人々はそれが虚構であったことを忘れてしまいます。このセクションで明らかになっていく嘘とは、まさにこの虚構のことです。実物の裏付けがないお金も、実物に裏付けられたお金と同じように感じら

れるようになり、両者の区別がつかなくなるのです。

ii）さらに、金庫番の金細工職人や銀行家たちは、金庫に保管されているゴールド（金）よりも多くの紙幣を発行するようになります。
　コインのときと同じやりかたです。彼らは持っているゴールド（金）と発行するお金の量を、そこそこ「安全」なバランスがとれるように関係を保っていますが、もし全員から同時にお金をゴールド（金）や銀との交換を求められても、それに応じることはできません（このように、ゴールド（金）などの裏付けよりも多くのお金を流通させることは、後に銀行では「部分準備制度」と呼ばれるようになります）。

ⅲ）紙の金融派生商品を発行する人たちは、持っている紙幣の額面よりも多く支払う契約をしますが、彼らが持っている紙幣でさえ、その額面価値がありません。

金融派生商品がもたらす効果は、コインや紙幣と同じですが、影響ははるかにそれを上回ります。

金融派生商品には、ゴールド（金）など実物で裏付けられている価値はほんのわずかしかありません。

この仕組みは、金融機関に信頼があり、みんながいっせいに金融機関から預金を引き出そうとしないという見込みのもとに成り立っています。

このような仕組みは管理通貨制度（"fiat"(faith) system）と呼ばれ、そこで発行されるお金は「不換紙幣（fiat money）」と言います。[注釈28]

注釈28　「管理通貨制度（"fiat"(faith) system）」と「不換紙幣（fiat money）」
　「不換紙幣」とは、裏付けとなっているゴールド（金）などとの兌換が保障されていない法定紙幣のこと。一方で保有者の要求に応じて同額のゴールド（金）や銀と引き換える約束をもとに発行した紙幣は兌換紙幣と言います。日本では1931年12月金輸出再禁止と同時に銀行券の金貨兌換が停止され、日本銀行券は兌換銀行券から不換銀行券となり現在に至ります。「不換紙幣」は中央銀行の裁量に基づいて紙幣や硬貨が発行されますので、適切な金融政策による貨幣価値の安定化を図るための「信頼」と、通貨の発行量を当局が調節することによる厳格な「管理通貨制度」が求められます。

第4段階：お金の発行と実物の価値との関係が
　　　　　完全に断たれた

第4段階は今日の状況を表します。金融機関は価値の裏付けがないことを十分承知のうえで新しい金融商品を作り出します。つまり、取引に使えること自体を価値と見なしているのです！

今日、我々は以下のような発展形を見ることができます。

- 発行者は、自分たちが持っていないお金を貸し出すことでお金を創造します。それを可能にしているのが「不換紙幣」の存在です。発行者はこれらの貸付に対して利子を付けます
- 金融派生商品市場が拡大します。これらの金融商品の取引量は、それらのもとになっている実物やサービスの取引量をはるかに凌駕しています
- これらのプロセスがデジタル化され、インターネットバンキングや電子決済、新しい電子通貨など、新しいしくみが導入されています[注釈29]

注釈29　新たな通貨形態の進化は今日でも目まぐるしく続いています。世界の100を超える中央銀行が何らかの形で中央銀行デジタル通貨（CBDC）を発行することを検討している一方で、ブロックチェーンなどのテクノロジー、ビットコインに代表される暗号資産、非代替性トークン（NFT）など、様々な形態のデジタル通貨が発行されてきています。これまで、中央銀行が持っていた貨幣の機能がテクノロジーによって民間の通貨と分離することができるようになり、いくつかの側面で法定通貨との直接の競合が生じています。

不換紙幣に基づく制度が社会に与える影響

ここで考えられるのは、「特権を持つ少数の人たち」[注釈30]が、お金を作り出す仕組みを利用して、コミュニティ内で好き勝手に有利な立場を手にする可能性があるということです。

特定の知識を持ち、コミュニティから信頼されている人が、実際には何の裏付もない紙を発行し、その紙と引き換えに契約や財産を手にします。
また、その紙を使って、モノやサービス、財産を手に入れるための一般に流通している法定通貨（これも実際には裏付けがない銀行券）を得ることもできるのです。

注釈30　特権を持つ人々に言及したのは、ここで述べた可能性に気付いている人がわずかであり、その既得権益を持って活動しているプレーヤーたちによって参入が厳しく管理・制限されているためです。

これから起きること

これらの複雑に絡み合ったメカニズムによって、この先何が起きるのでしょうか？　それを掘り下げていくことは、この本では控えます。

その複雑さゆえに、今のところ、完全にそれをつかみ切れている人はどこにもいないでしょう。

ただ、金融・経済システムの専門家たちは、ずっと前から次のような結末を予測していました。

お金は、コミュニティ内でモノを買ったり、サービスを利用したりするための正当性を与えるものです。

もし誰かが、働かなくても自分で簡単にお金を印刷できるという特権を手に入れてしまったら、その人は同じコミュニティの中で働いてお金を稼いでいる人たちよりも明らかに有利になります。
これが続くと、モノやサービスの価値や価格体系のメカニズムがゆがむことになります。
この特権を持つ人が、作ったお金を貸し、その利子を取ると、その立場が強化され、価格や価値のゆがみも拡大します。しかも、もしその利子が複利で運用されると、このゆがみは構造的にさらに拡大していきます。
その一つの結果として、蓄積したお金がごく少数の人に再配分され、一方で大多数の人が借金を抱えることになります。

様々な改革の試み

この現象は、地域経済や世界経済全体の統計によっても明らかにされています。

ますます多くの人々が、この現象を不公平であり、さらにゆがみが拡大し続けるシステムには持続可能性がないことを認識しています。一人がすべてを所有した時点でモノポリーがゲームオーバーになるように。

そんな中、「金融を再定義」しようとする運動が徐々に広がりを見せています。このセクションで述べているような「嘘」の認識を社会に広め、不均衡を是正する賢明な金融の仕組みをデザインし、提案している人たちです。

すでに実施されている例としては、地域経済取引（LETS）やタイムダラーシステムなどの補完通貨システムがあります。これらのシステムは、「相互信用の構造」のうえに擬似的なお金を交換させるという革新的なスキームによって成り立っています。

そこで創造されるお金はゴールド（金）などの実物ではなく、個々のメンバーが必要に応じて提供すると約束した時間や才能によって裏付けられています。

たちはだかる限界…
これらの優れた革新的取り組みも、メインストリームの経済システムに影響を与えるには至っていません。

それにはしかるべき理由があります。現行のシステム全体の欠陥は、単にお金を自由に創造している人々だけの責任ではないからです。
国の通貨発行者や補完通貨システムの創造者、クレジットカード会社、新しい電子マネーシステムやポイントシステム、物々交換システムを開発した人など、特権を持った情報通の人々だけのせいではありません。

同じように責任があるのは、大多数の私たち自身です。たとえ、これまで自分たちがお金の創造に対する責任に無自覚だった、またはその責任を放棄してきたことに無自覚だったとしてもです。

ポリニャーノの人々の多くは、ここで述べたお金が歴史とともに進歩してきたことについて何も知らないでしょう。ポリニャーノの銀行に届けられるコインや紙幣は「本物」のように感じられ、これまでと同じように機能しているように見えます。発行機関への信頼がそれを支えています（少なくとも、2001年11月のイタリアでは、不換紙幣も金融機関もまだ健在です）。

このセクションで述べた、金融システムを再定義しようという改革や改善は、「嘘」が明らかになるにつれて自然に実践されていくでしょう。
しかし、それを推し進めるには、このセクションで明らかになった「嘘」を知っただけでは不十分です。

この本が扱う、相互に強化し合う嘘が連鎖している構造全体を浮き彫りにする必要があります。そうすることによって、この問題は「金融を再定義」する改革者が閉じこもっている狭い領域を超えて広がり始めます。

このセクションの締めくくりとして、お金がどのように作られ、裏付けられているかどうか、裏付けられている場合はどのように裏付けられているかを要約した表を示します。

お金の創られ方と裏付け

	価値の裏付けがない形態	金や商品による価値の裏付けがある形態	サービスの約束による価値の裏付けがある形態
発行されて流通する (発行された時点で価値が発生する)	硬貨 銀行紙幣 金融派生商品	金貨と銀貨 金融派生商品	飛行機のマイルなど
使用されて流通する (契約された時点で価値が発生する)	譲渡可能金融商品 手形	—	LETSなどの相互信用スキームの通貨
貸すことで流通する (貸付によるお金の創造)	銀行口座に入金されているお金		—

以下は、前の 二つのセクションの表を拡張したものです。

お金の仕組みマップ

誰が作るのか？	単位は？	どんな形態？
中央銀行	自国通貨 (例：円、ドル、以下同じ)	硬貨・紙幣
		中央銀行預金口座 (例:日本の銀行が日本銀行に持つ当座預金口座)
商業銀行	自国通貨	銀行口座
		金融派生商品
クレジットカード会社 (その他) 金融機関 (例：リース会社、消費者金融)	自国通貨	銀行口座
		金融派生商品
物々交換スキーム	独自通貨 (例：個、キロ)	独自口座 (例：台帳)
相互信用スキーム (例：タイムダラーシステム) (例：LETS 地域交換取引制度)	独自通貨 (例：時間（タイムダラーシステム)) (例：グリーンドル（LETS))	独自口座 (例：タイムバンク口座、LETS口座)
		独自紙幣

どうやって作られるのか？				価値の裏付けは？
発行された時点で価値が発生	契約された時点で価値が発生	貸付/与信によって発生	利子によって発生	（あるもののみ）
○				
		○		
		○	○	担保の価値 （担保提供がある場合）
○				担保の価値 （担保提供がある場合）
		○	○	担保の価値 （担保提供がある場合）
○				担保の価値 （担保提供がある場合）
	○			交換できるモノ （例：食品）
	○			相互の信用 （例：時間を提供してもらえること）
○				

（次ページへ続く）

電子通貨発行会社	自国通貨 (例：円)	銀行口座
	独自通貨 (例：各地域通貨の単位)	独自口座 (例：各地域通貨の口座)
ポイント発行会社 (例：航空会社、家電量販店、通信事業者、書店)	独自通貨 (例：マイル)	独自口座 (例：航空会社マイレージ口座)
	自国通貨 (例：円)	プリペイドカード、トークン (例：図書カード)
		銀行口座
個人	独自通貨	派生契約型証書（通常貨幣として扱われないもの）：自国通貨建ての借用書
	独自通貨	派生契約型証書（通常貨幣として扱われないもの）：自分が提供するサービスと時間の借用書
法人・地方自治体・国	自国通貨（例：円）	債券、有価証券、その他の譲渡可能金融商品（通常貨幣として扱われないもの）、保証書

——	○		ケースバイケース
			特定のモノやサービス (例：搭乗券)
——	○		特定のモノやサービス (例：図書)
——	○	○	
			サービスと時間を 提供するという約束
	○		

お金の真実を探究するための問い

- ☑ もし誰かが、働かなくても自分で簡単にお金を印刷できるという特権を手に入れてしまったらどうなるでしょうか？

- ☑ お金は、ゴールド（金）などによって価値を裏付けられているのでしょうか？

11番目の嘘

国の健康状態はGDPなどで正確に測ることができる

国内総生産（GDP）やドル換算された人口一人当たりの国民総所得は、国民の富や貧困の度合いを示す指標として経済レポートなどでよく使われています。

ほとんどの自然界にある命は、お金や経済システムとは関係がなくても育まれていきます。そう思うと、国の健康状態を、GDPなどの経済統計で測ろうとすることは幻想だと気付くでしょう。

また、ふだんの経済活動の大部分を占めている「家庭」の生活はお金なしで成り立っています（経済を示す"economic"という言葉は「家」という意味を含んでいます）。[注釈31]

つまるところ、お金は単なる計算や会計のシステムであり、貨幣経済とは全体の中の一部を数字で表現したものに過ぎません。

注釈31　日本語では「経済」と訳される「エコノミーeconomy」はギリシャ語のオイコノミアに由来します。オイコノミアとは家を意味する「オイコス」（Oikos）と法を意味する「ノモイ」（Nemu）という二つの言葉がつながったものであり、「知性による家の管理」という意味を持ちます。

通常「経済」として報告されるもの以外に、以下のようなものがあります。

ブラックエコノミー（闇経済）[注釈32]
脱税を目的とした、申告されていない取引です。

グレーエコノミー[注釈33]
家事や地域活動など、無報酬で行われるために値段がつかず、会計帳簿にも載らない部分の経済です。

ボランティア活動
有償でも無償でも行われますが、やはり会計帳簿には載りません。

物々交換や多様なサービスや商品の交換
これも会計帳簿にも載りませんが、社会や地域生活のつながりの重要な部分です。

注釈32　ブラックエコノミー（闇経済）とは、正式な統計の範囲外で行われている経済活動のこと。正式な定義はありませんが、論文等によれば、合法・非合法問わず、税金の支払いを逃れるための経済活動とされ、shadow economy, underground economyなどとも呼ばれています。

注釈33　グレーエコノミーについても正式な定義はなく、政府などの公式な統計に計上されない経済です。家事や地域活動などを指すことが多いです。IMFや世界銀行では、これらを含めて、shadow economyあるいはinformal economyと総称しています。

これらの経済活動は報告されないか、報告されても数値では測定されないため、世界経済のどれくらいの割合を占めるのか正確にはわかりません。
ということは、私たちが注目している貨幣経済は、氷山の一角に過ぎないかもしれません。

さらに、これまで「無償」とされていた商品やサービスが計上されたら、国内総生産（GDP）の数値は膨らみます。
しかし、この増加はそのまま生活の質の向上を意味していません。

たとえば飲料水はどうでしょう。皆さんの多くは、水道や井戸からきれいな水を好きなだけ飲むことができた時代を覚えているでしょう。そのときはペットボトルで水を買う必要はありませんでした。ボトル入りの水を売買するビジネスは、世界のGDPを大きく増加させましたが、それによって、私たちの生活の質は向上したでしょうか。将来「新鮮な空気」を吸うために酸素ボンベを持ち歩くようになっても、それが生活の質を向上させたと言えるでしょうか？

同様に、病気の治療のための医療制度や医療保険、防衛費なども国内総生産（GDP）を大幅に増やしますが、これらの分野での活動が増えたからといって、生活の質が向上したとは言えません。

要するに、今日私たちが目にする経済統計は、国の健康や市民の幸福を示す指標として信頼するに値しません。根本的に欠けているのは、生活の豊かさがどのようにもたらされるのか、それが何から成り立っているのか、そしてどのように評価するのかに対する私たちの理解です。

最近では、その欠陥に気付いた人々によって、環境や社会の状態を示す変数を使った新しい指標が作られています。
それらは、まだまだ荒削りですが、ここで立ち止まることなく、これらの指標の改良を重ね、洗練させていくことで、本当の価値や富の創造を含む大きな視点を指し示していくことが大切です。

お金の真実を探究するための問い

- ☑ ペットボトルで水を売買するビジネスは、世界のGDPを大きく増加させましたが、それによって、私たちの生活の質は向上したでしょうか？

- ☑ 将来「新鮮な空気」を吸うために酸素ボンベを持ち歩くようになっても、それが生活の質を向上させたと言えるでしょうか？

12 番目の嘘

お金はここにある

質問「ところで、あなたのお金はどこにありますか？」
答え「えっと、ポケットに少しと、財布にも、残りは銀行に
　　　あります」

質問「どうして、そこにあるって言えるの？」
答え「だって、財布の中のお札やコインは現物があるし、銀
　　　行から毎月送られてくる取引明細書には数字が書かれ
　　　てますよ」

お金は、多い少ないの量を測定するものですから、その本質は数字です。

数字とお金の発明により、インクの乗った紙が私たちの生活に決定的な影響を与えるようになりました。財布に入れて持ち歩いているインクの乗った紙や、プラス・マイナスの記号やゼロが並んでいるだけの印刷物（たとえば、銀行の取引明細書）は、私たちに、とてつもないパワーと意味を与えます。それは、私たちを健やかにも、病気にさえもしてくれます！

では、そのお金はどこにあるのでしょうか？　あなたが、持ち歩いている紙幣やコインの中にお金は存在していません。紙幣やコインは、実体がないただの紙や金属に過ぎません。そこには、「価値があることにしている」という決めごとがあるだけです。

銀行の取引明細書には、何か価値があるものを預かっているかのように書いてありますが、それは一体どこにあるのでしょうか？　あなたは、それがどこにあるのか見たことはありませんよね？　確認もしていないですよね？　もしできるとして、どのように確認するのでしょうか？

銀行はあなたのお金を他の誰かに貸し出しているかもしれませんし、そうでないかもしれません。それを専門家に聞いたとしても教えてくれません。
この本でずっとお伝えしてきた通り、お金には実体の裏付けなど、どこにもないのです。

株券はどうでしょう。株券は、実際に会社の資産の一部を所有している証ですからお金よりも確認しやすいと思うでしょう。
では、その価値はどうやって確認できるでしょう？　株券には取締役が発行したという署名がされていますが、株券もやっぱりインクが乗った紙に過ぎません！
それでも、そこに書かれている権利に従って、他の金融証券と同じように取引したり、貸し出したり、担保としても使用することができます。銀行もそれに積極的に関与しています。

スイスのオルテン市には、スイスのすべての銀行が預かった株券の現物を保管している倉庫があります。では、スイスのすべての株式はオルテンに所在していて、その所有権はその土地が登記されている場所にあると言えるのでしょうか？
おそらく違うでしょう。仮に保管記録が消去されたとしても所有権は残ります。確認はさらに難しくなるでしょうが…。

結局、あなたのお金はどこにあるのでしょうか？

お金は、すぐ近くの思いもかけないところにあります。
ここで、ヒント。
お金の言い換えとしてよく使う言葉「Capital（キャピタル＝資本）」の語源をラテン語では"Capita"と言います。
これは身体のある部分を表しています。

あなたのお金のありかは、あなたの頭の中です！
("Capita"には「頭」という意味があります。もっとも、この解釈は筆者自身の創作かもしれません)

お金の真実を探究するための問い

- ☑ あなたのお金はどこにありますか？
- ☑ どうして、そこにあると言えるのですか？
- ☑ 銀行の取引明細書には、何か価値があるものを預かっているかのように書いてありますが、それは一体どこにあるのでしょうか？

13 番目の嘘

お金を愛することが諸悪の根源だ

「"お金を愛すること"が諸悪の根源だ」という表現はしばしば「"お金"が諸悪の根源である」というように誤った使われ方をされます。

しかし、たとえ、このセクションのタイトル通り、正しく使ったとしても、この「"お金を愛すること"は諸悪の根源である」という嘘の解釈をしっかりと見直す必要がありそうです。

あなたはこう問いかけたくなるかもしれません。
「どうして純粋な愛が悪の根源になりうるのか？」と。

そうです。この言葉は、あなたの欲深さに対する警告です。
ここで「鶏が先か卵が先か」という話になるかもしれません。
はたして、欲深さが悪を生み出すのでしょうか、それとも悪から欲深さがもたらされるのでしょうか。
たしかに、欲深さが欲深さを呼び、その状況がまた欲深さを呼ぶという悪循環を繰り返していると、どちらが原因でどちらが結果なのかがわからくなってしまいます。

この悪循環の中にいても解決策は見出せません。目指すべきことは、何とかしてこの悪循環の外側へ抜け出すことです。

欲深さの根源、つまり人生に何が起きると人は欲深くなるのかについて、心理学者たちは十分に解明しきれていません。ただ、欲深さとは権力をほしがることの裏側にある欠乏感の表れとされています。それはおそらく、幼少の頃に十分に愛されなかったと感じた経験につながっています。

欲深さとは、この愛に対する欠乏を何か他のもので埋めようとする報われない虚しい行為です。お金はその最もわかりやすい対象の一つですが、食べ物やセックスもそれに該当します。

これが的を射ているとしたら、欲深い人に対してこそ愛とともに手渡すのです。
そうなんです。愛は欲深さの悪循環から人を抜け出させるための、唯一にして十分な力を持っているのです。

これに対して、逆に欲深い人から物を取り上げてしまういつものやり方は、うまくいった試しがありません。

この展開は意外だったでしょうか。
「貧しい人や困っている人に与えよ」とよく言われてきました。しかし、今の時代には、「富める人や欲深い人に対してこそ手渡そう」という呼びかけが、恵みをもたらしてくれるかもしれません。

セクションのタイトル「お金を愛することが諸悪の根源である」を言い換えて、さらに二つの提言を付け足しておきましょう。

「お金とともに愛を」
「愛とともにお金を」

豊かさと貧しさについては次のセクションでも触れていきますが、ひとまず、ここまでのおさらいとして、ちょっと、あなたの寛容さを試してみましょう。

今すぐポケットや財布に手を入れて、何も考えずに最初に手に触れた2枚のコインか紙幣を取り出してください。そして、それを誰かに手渡してください。
さあ、相手からくる反応を味わってみましょう。

お金の真実を探究するための問い

- ☑ どうして純粋なお金への愛が諸悪の根源になりうるのでしょうか？

- ☑ はたして、欲深さが悪を生み出すのでしょうか、それとも悪から欲深さがもたらされるのでしょうか？

- ☑ 愛は欲深さの悪循環から人を抜け出させるための、唯一にして十分な力であるという展開は意外だったでしょうか？

14 番目の嘘

お金持ちは豊かだ

ここまで、人の幸せは財産や稼ぎの金額とは関係ないということを見てきました。それでも、「お金持ちが富をため込まずに、貧しい人にもっと分け与えさえすれば、世界はより良くなるだろう」と考える人もたくさんいます。

> 「お金持ちというのは往々にして、お金をたくさん持っている貧しい人に過ぎない」
>
> —— アリストテレス・オナシス

当時、世界有数の金持ちであった故アリストテレス・オナシス氏の言葉です。なるほど、豊かさと貧しさの違いについて、より注意深く見極めていく必要がありそうです。

通常、私たちはこう信じています。
「お金持ちは欲深い」
「貧しい人は満たされていない」

しかし、真実に近いのはこちらでしょう。
「真に豊かな人は、お金があろうとなかろうと豊かである」
「(悲しいことに) 貧しい人は、お金があろうとなかろうと貧しい」

これが真実なら「お金持ちが貧しい人に、お金をただ分け与えればよい」という考えは嘘になります。富の再分配という行為に意味がなくなるからです。

「豊かさを知らないお金持ち」が、持ってもいない自分の心の豊かさを貧しい人に分け与えられるなんて幻想でしかありません！　もっともっと多く手に入れようとお金持ちの人たちを駆り立てる、何かが足りないという不足感と、持っているものが失われることへの恐れは、経済的に貧しい人々と何も変わりないのです。

何かのイデオロギーに基づいて、あるいは誰かの命令によってお金を再分配したとしても、持続的な影響力を持つことはありません。わずかな効果があったとしても、やがてすぐに偏った元の状況に戻ります。

それに対して、純粋な寛容の精神に基づいてお金を手渡すと、ときには受け取った人の内側にも同様に存在していた豊かさや寛容の精神に火を灯します。
その結果、ダイナミックなお金の循環と分配がおのずと生まれます。

つまり、このステップの鍵は、外側ではなく内側に存在しています。
外側にある通貨システムではなく、あなたの内側にいる、あなた自身、他者、そして世界とどのように関わるかです。
それは、コップ半分の水に対して、足りないと感じるか、十分だと感じるかという心の状態を表しています。

コップに4分の1の水が入っています。この水が最後の一滴になったとき、そして息絶える前の最後の一息にさえ豊かさを感じられたら、この心持ちによって人々は豊かに、そして心ゆくまで人生をまっとうすることができるのです。お金と人生の両方の豊かさとともに！

お金の真実を探究するための問い

- ☑ 外側にある通貨システムではなく、あなたの内側にいる、あなた自身、他者、そして世界とどのように関わっていきますか？

- ☑ お金持ちは豊かなのでしょうか？

15 番目の嘘

お金があれば自由になれる

「本当の自分に出会えたとき、あなたは自由である」

―― ボフダン・ハウリリシュン（経済学者、思想家）

「自由とは、たとえ最善ではないとしても、それを選択できるということである」

―― ジョージ・ソロス

「だめ！　言われた通りにしなさい。大人になって自分でお金を稼げるようになったら、どうぞ、好きなものを買って、やりたいことをなさい」

多くの子どもたちは幼い頃にこんなメッセージを受け取ります。
その子どもは、約束された「究極の自由」を手にしようとそのあとの長い人生を歩み始めます。

　学校
　見習い
　大学
　仕事
　結婚
　出産
　子育て
　離婚
　裁判
　老後の準備
　健康不安
　リタイア

ようやく解放され、自由の扉に手が届くかと思いきや、そのあとも苦難が待ち受けます。「さて、自由になって何をしようか」とどれだけ思案しても、自分が何が好きで何をしたかったのかがわからないのです。心配事や不安にばかり取り憑かれ、気になることといえば余生の蓄えのことばかり。
その続きは……。

　不安
　衰え
　金欠
　お迎え！

これで人生は終わり？
いったい自由はどこへ？

これを書いている私は若いころから、「自由に使えるお金があれば、選択肢が広がる」と信じて疑いませんでした。
ところが、野心とやる気で突っ走って33歳の若さで成功を手にしたとき、その矛盾に気付きました。
将来の自由のためにあくせくと働いていることで、むしろその時点の選択肢を狭めていたのです。自由になるためのお金を手に入れようと、自分を偽り、飾り立ててきたことで、たくさんの自由を犠牲にして自分の手足を縛ってきたのです！

この経験によって私は大切な教訓を得ました。「将来の自由と選択肢を手にしようとお金儲けばかりに人生を費やしたところで、決して自由にはなれない」と。

自由は未来ではなく、今この瞬間に存在しています。お金があってもなくても、いつ何時でも、どんな状況であっても、誰にでも、自由は存在しています。

もしあなたが自由を探し求めているなら、もしくは、お金があればいつの日か自由になれると信じているのなら、どうかこのセクションのメッセージを深く心に染み込むまで何度でも読み返してください。

「今、自由であれ。もしくは、永遠に不自由であれ！」

お金の真実を探究するための問い

- ☑ 自分は何が好きで何をしたかったのでしょうか？
- ☑ お金があれば自由になれるのでしょうか？

16 番目の嘘

やりたいこと のために 働いて稼ごう

この「嘘」については「自由」を扱った一つ前のセクションでも触れました。
「やりたいことのためには、働いて稼がなくてはならない」という嘘は、私たちに深く根付いている思考です。
ここを、さらに掘り下げることは価値がありそうです。

私はこれまで、この格言の通り実践して、本当にやりたいことをやって「夢」を叶えている人にお目にかかったことはありません。先人たちを含めても。

一方で、この逆をいく人には、稀にお目にかかります。
彼らは、まず自分がやりたいことから始めます。そうすると、お金やそれ以外の、必要なリソースが自然と彼らに引き寄せられていくようです。それは、自然の理にかなっているからです。イヤイヤ働くよりも、やりたいことに熱量を注ぎ込んでいるときのほうが、その活き活きした姿に、周囲の人がどんどん引き寄せられていきます。

ところで、どうして多くの言語で、お金に「報い（むくい）」という言葉をかぶせるのでしょうか？
お金は、やりたくもない仕事をした報い、報酬に留まるものではありません。仕事は「報い」以上のもの、つまり、仕事は「愛から生まれる」のです。

あなたがもし「やりたいことをする。愛してやまないことをする」ことを実践しようとすると、通常、「お金が絶対に必要だ」という囚われに陥ってしまうことが起こります。

その結果、モノやサービス・善意や支援、ときには試練や対立までもが、自ずと引き寄せられていることにあなたは気付くことができません。

「愛してやまないこと」に取り組むためのプリンシプル（実践知）とは何でしょう。
「愛してやまないことをすればお金がついてくる」と言いたくなるでしょうが、そうではありません。適切に表現すれば「愛してやまないことをすれば必要なものが訪れる」です。

あなたに必要な「お金」がやってくることもあるでしょう。しかし、もし「お金」が減ったり、なくなったりしたとしても、それは、あなたに必要なものとして訪れる豊かな可能性なのです。
あなた自身と、あなたの熱量が湧き出ているプロジェクトに必要なリソースは、どのような状況であっても、おのずから完璧に用意されています。
そして、その熱量が、あなたの夢を実現させ、あなた自身の可能性を切り拓いていくのです！

お金の真実を探究するための問い

☑ どうして多くの言語で、お金に"報い（むくい）"という言葉をかぶせるのでしょうか？

17番目の嘘

プロジェクトを始めるにはビジネスプランと予算と元手のお金が必要だ

銀行や金融機関、ベンチャーキャピタルなどは、プロジェクト資金を調達するときに、そのビジネスプランとそれに必要な元手はいくらで、どんな予算を組んでいるのかと細かく聞いてきます。

一方でこんなシナリオも皆さんにはお馴染みでしょう。

数人のメンバーが集まって、面白そうなプロジェクトの構想について意見を交わしています。みんながワクワクして熱中し、次々とアイデアが溢れ出してとまりません。
そこで誰かが「ところで、お金はどうやって集めるの？」と言い出します。とたんに、メンバーは"現実"に引き戻されます。自分たちがどれだけお金を費やすかを計算して、それらをすべて予算に組み込んだところ、どうやっても採算が合いません。
アイデアのことを脇に置いて、議論の焦点は資金調達や資金計画へと傾いていきます。気が付けば、最初のころのあの楽しかったワクワク感はどこへやら…。

成功した起業家や実業家たちは知っています。利益をあげるために丁寧にビジネスプランを描いてもプロジェクトは始められず、また、いくらお金があってもうまくいくとは限らないということを。

にも関わらず、多くの人が「ビジネスプラン至上主義」という嘘の神話を広め続けます。さらに、ビジネススクールや大学はこの神話の普及を後押ししています。

どうしてでしょう？

おそらくそれは、自分たちの競争優位を少しでも長く維持しておくために真実を秘密にしたいか、その真実があまりにもシンプルで、科学的な緻密さに欠けていて、先生としての威厳が保てない感じがするからでしょう！

もしくは、本当のところは、自分の信念に背いて仕方なく嘘の神話に惑わされているだけなのかもしれません。

一方、起業家たちが一歩を踏み出し、プロジェクトを実現していくときは以下のような感じです。

- 湧き出る熱量に身を任せている
- プロジェクトのビジョンの実現に集中している
- 0から1を作り出す
- リソースの有無は気にしない
- 誰かの助けや許可・同意はあってもなくてもよい

実際、起業家にとって元手の有り無しは関係ありません。利益のこともさほど気にかけてはいません。
彼らはただ一途にプロジェクトの実現のみに集中しています
(前のセクションでも述べたように、愛してやまないことに全身全霊を注ぎ込んでいます)。

それでも、プロジェクトが始まるとそのライフタイムの中で、しばしばトラブルに見舞われます。それはお金の心配に意識が向いたときです。スタートアップの起業家たちは、その加害者にも被害者にもなります。
お金に意識が向いた瞬間、プロジェクトはパワーと魅力を失い、魂さえも売り渡しかねません。やがてお金が足りなくなってくると、「やっぱりお金のことを心配しなきゃ」となってしまうようです。

ここから悪循環が始まるか、または負のスパイラルに陥り、プロジェクトが立ち行かなくなることがあります。加えて、「そもそもお金のことを十分に考慮しなかったからだ」と誤った結論付けをする人もいます。

しかし、プロジェクトが立ち行かなくなる本当の原因は反対です。
お金についてのいらぬ不安がプロジェクト本来の目的から意識の矛先を逸らせてしまったのです(念のために付け加えますが、企業の情報システムの一部として適切な資金管理と会計が必要ないといっているわけではありません。それはプロジェクトの目的を支えるものです)。

バンカーやベンチャーキャピタリストに素直な本音を聞いてみれば、実際はビジネスプランではなく、「人」に対して投資や融資をしていることを認めるでしょう！　彼らが最もお金を提供したいのは"存在感"を持つ人です。

ただ、そのような人はたいていお金を必要としていません。それは、すでに十分なお金を持っているからではありません。その人が行うプロジェクトはどんな形であれ成功する可能性が高いからです。

実際には、ビジネスプランや予算はそれを作った人が知的で論理的な能力を有していることを証明しているだけで、資金提供を決定する最終の判断材料には決してなりません。

最後に、私が米国大手の多国籍企業で新規事業や移転プロジェクトに対して財務的なフィージビリティ・スタディ[注釈34]の仕事をしていたときのエピソードを二つ紹介します。

1. 一般的にビジネスにおける意思決定は、緻密な財務分析に基づいて行われると信じられていますが、大抵はその反対です。
　　多くの場合は決定が先になされ、後付けで数字が整えられるのです。
　　オフィスなどの移転計画は、責任者の自宅に近いかどうかなどの個人的な都合で決まることがほとんどです。
　　私が目にしてきたのは、責任者がその決定を正当化するために、もっともらしい理屈を付けて、信頼できるような数字を、いつでも確実に作り上げていたことでした。

注釈34　フィージビリティ・スタディ：プロジェクトの実現可能性を事前に調査・検討すること。

2．カリフォルニア本社で、新しい経営分析手法の習得を目的とした研修が行われました。その会社に実際にあった花形商品の販売予測の事例を用いての研修でした。

私は夜通し、その課題に取り組みましたが、どれだけチェックしても数字のつじつまが合わず、朝まで悩み続けました。

翌朝、出題者にそのことを伝えると、何人かが気まずい表情を浮かべていました。利益予測の数値に"0"が1つ余計に入っていて、利益が10倍に計算されていたのです。

販売開始当時、予測を立てていた時点では、誰もこのミスに気付いていませんでした。しかし、蓋を開けてみると、幸運にもその誤った予測の数字のままの利益を達成してしまいました。

結局、緻密な分析で導こうとした数字よりも、正しかったつもりの誤った数字のほうに軍配があがったのです。

お金の真実を探究するための問い

☑ 多くの人が「ビジネスプラン至上主義」という嘘の神話を広め続けます。さらに、ビジネススクールや大学はこの神話の普及を後押ししています。
どうしてでしょう？

18番目の嘘

みんなが利益を あげられる

利益至上主義の文化に染まった世界では、ビジネスでも個人でも最後には利益をあげることをゴールとします。利益をあげられる経営が優れており、成功の証とされます。

ポーカーテーブルに六人が座っています。自ずとその中に勝者と敗者が生まれます。

現実世界のビジネスや取引、金融経済でも同じです。
にも関わらず、最後は全員が同時に利益をあげられると信じている人がいます。会計士・経理担当者・経済学者・大学教授…ほとんどすべての人、なんということか！

本当のことを知ってください。すべての個人・企業・組織・政府機関が、同じ日に（たとえば12月31日に）12ヶ月分の収入から、支出を差し引いた利益を計算し、それらすべてを合計したらポーカーと同じように必ずゼロになります。

つまり、誰かの利益は他の誰かの損失を犠牲にして成り立っているということです。これには良いも悪いもなく、単に公式な会計原則において、全員が同時に利益をあげることは数学的に不可能だということです！

「みんなが利益をあげられる」という嘘は人々に深く染み付いています。それゆえ、これが嘘だと言葉にしたとたん、予想外のショックを与えると同時に、とっさの反発にあい、ほとんど常識外れとして拒絶されます。
この嘘を明らかにすることが、生まれながらに無意識に刷り込まれてきた「利益至上主義」への裏切り行為に映るのでしょう。

にも関わらず、私がこれが嘘だと声高に訴えるのは、利益追求の行動や利益そのものを否定したいからではありません。「みんなが利益をあげられる」という思い込みによる誤解を解消したいだけなのです。

それでも、この嘘への執着は根深く、反発があまりに激しいので、私は驚きを隠せない会計士や経済学者の意見を聞いてまわりました。
彼らの反論は、この三つに集約されました。

1．「お金が適正に制約なく循環し、決算を違う日付で行えば、全員が利益をあげることができる」

これは、ポーカーのプレイヤー、札束を一人ずつ手渡しでぐるっと一周させ、全員が一度は手にする瞬間の金額を利益として報告しているのと同じです。もちろん、これは現実離れしていて説得力に欠けます。

2．「利益をあげていない人も、お金以外の利益を得ることができる」

これは事実であり、とても大切なことです。しかしここで「みんながあげられる」としている「利益」とは、「お金に換算される利益」に限定しており、「お金以外の利益」は除いて考えるのが普通でしょう。

3．「市場に新しく追加でお金が供給され（これをニューマネーと言う）、継続的にマネーストックが増加すると、それが経済全体の価値を押し上げる。つまり、ゼロサム（個別に損得は発生するも合計するとゼロになる状態）にはならず、みんなが利益をあげられるだろう」

これも事実であり、反論としては有効です。
しかし、「みんなが利益をあげられていること」が成立するためには条件が加えられます。それは、12ヶ月の会計期間中に増加したニューマネーで、新たな経済活動で生み出された実質的な資産を購入できた場合に限られます。
つまり、少なくともニューマネーの増加分と同等の経済成長を遂げている必要があるのです。

しかし、現在の成熟した経済でよく起きていることは、マネーストックの増加が単なるインフレ（物価上昇）であり、実際に経済成長をともなっていないことです。
このとき、ニューマネーが増えたからといって私たちが裕福になったと感じるのは錯覚です。

ポーカーにたとえて説明しましょう。
ゲームの途中に胴元からプレイヤーにお金が配られたとします。プレイヤーは儲かった気分にはなりますが、気が付けばビールやタバコの値段もあがっていたという話です。儲かった気分はただの錯覚だったのです。

利益が本物かどうかを見極めるには、結果として利益がどれだけ実際の購買力に結び付いたかを確認しなくてはいけません。

実際に世界経済、特に金融経済で主要な位置を占める先進国を対象に調査すると、マネーストックの増加に見合う経済成長は実現していません。したがって、この反論も先の二つと同様に無効ということになります。

「みんなが利益をあげられる」という嘘が明らかになったら、私たちの根底にあるものが覆される可能性があります。
というのも、次の私たちの思い込みを和らげてくれるからです。

- 利益は優れた経営の結果である
- 損失は無能な経営の結果で、恥ずべきことだ

これらの思い込みは、真実であったしても、一部にしか当てはまらないでしょう。
このことは、私たちの文化の中で、成功をどのように捉え、何を成功とするかについて一石を投じています。

驚くべきことに、このセクションの嘘を明らかにすることで得た結論は、たとえば、以下のセクションで見てきた結論とも見事に一貫しています。

3番目の嘘
「借金は悪い」

5番目の嘘
「最高の商品やサービスが、最高の利益をもたらす」

このあとも気にかけておいてください。この本を読み進めるにつれて、一貫性はクリアになっていくでしょう。

お金の真実を探究するための問い

- [x] 私たちの文化の中では、成功をどのように捉え、何を成功とするのでしょうか？

19番目の嘘

ビジネスとは継続的に利益をあげることだ

この前提は当たり前すぎて、説明がいらないくらいかもしれません。

この本の核心をつかんできているあなたは、この前提にあるカチコチの固定観念が和らいでいるかもしれません。

たとえば、セクション（#17）「プロジェクトを始めるには……お金が必要だ」で、このようなことを述べました。

- 「夢」の実現に意識を集中すると好循環が生まれ、人を魅了し続けるパワーが湧き上がり、プロジェクトの息を長くする
- 一方で、お金へのいらぬ不安を抱くと、この集中が失われ、悪循環に陥り、プロジェクトの崩壊を招いてしまう

利益をあげていなくても存続できている企業の事例はたくさんありそうです。つまり、「ビジネスとは継続的に利益をあげることだ」が嘘だという証拠です。

しかし、これらは経営学や経済学の文献にはいまだに紹介されていません。

私たちは「利益は絶対必要」という固定観念でしかものを見れないので、利益をあげられない企業は存在すべきでないと考え、その存在自体を否定しようとしているのです。

さらに、前のセクションで述べたように利益をあげずに存続している会社に対し、「利益至上主義」の文化とは一線を画す「常識外れ」として拒絶します。

それにはプライドと恥の問題も関わってきます。起業家は利益をあげたときはすぐにでも公表したがりますが、損失のほうは簡単には認めたり公表したりしません。

とはいえ、損失を出した企業が存続している事例は、少し調べるとすぐに見つかります。

今日、最も多くの人が知っている事例は、アマゾン（Amazon.com）でしょう。

アマゾンは将来利益を計上する見込みだということを公表し続けてきましたが、これまで利益を計上できていません。1996年6月の最初の決算以来2001年9月期まで損失続きで、2002年1月22日に四半期ベースでの利益を初めて計上したと報告しました！[注釈35]

アマゾンが創業から今日まで存続できているのは、公表していた利益をあげようとする方針とはほとんど、あるいはまったく関係ありません。
それは、彼らが開発したニッチな分野での卓越したサービスによるものに違いありません。

注釈35　アマゾンは1994年の創業以来ずっと赤字を続け、2001年第4四半期に初めて利益を計上したものの、通期では赤字でした。通年で初めて黒字に転換したのが2003年12月期でした。その間、多くの経営評論家はアマゾンのビジネスモデルに懐疑的でした。

アマゾンが引き続きサービスに焦点をあて続ければこの先も持続可能でしょう。

万が一、自分たちが公表する利益の方に集中が奪われてしまったら、それは、スパイラル的な崩壊の始まりかもしれません（アニタ・ロディックのザ・ボディショップはこの点で良い教訓です）。

もう一つ、オーストリアのホテル業界の事例を紹介しましょう。

ある地域一帯のホテルが全体としてキャッシュフロー不足に陥っており、その資金不足分を銀行から借入しているケースを見かけます。

これらのホテルの経営は、コスト削減や価格の上げ下げなど通常の財務改善策では解決できそうにない構造的な問題を抱えています。

しかし、これらのホテルは魅力あるオーストリアの観光資源と地域住民の生活を支えており、近隣や地域一帯、オーストリア全体に対して欠かせない役割を果たしています。

つまり、一つひとつのホテルが稼ぎ出す利益は小さく見えたとしても、地域のホテル全体として提供している価値は、それをはるかに上回る意味合いを持っているのです。
この役割を十分に果たしている限り、地域のホテルは必ず存続します。

実際は、銀行が資金を提供し続けることでホテルの存続を支えています。それは、なぜでしょう？
銀行は、金融の掟に反する「泥舟に資金を投じる行動」をしているのでしょうか？　そうではありません。

本当のところは、銀行は目先の損得を超えた「良識」に従って行動しており、それこそが、より本質的に地域の活力を保つ知恵だと知っているのです。

念のためにお伝えしますが、私は「損失を出す経営にはメリットがある」とも「利益をあげる経営にはデメリットがある」とも言っていません。
また、「損失を出す経営は無能である」という主張を支持しているわけでもありません。

単に、企業が持続可能であるための原則が、財務的な利益や損失とはまったく関係のない要因に基づいている可能性があり、おそらく実際にそうである証拠を示しただけです。

私は起業家たちとの個人的な交流の中で、もう一つの実に興味深い証拠を発見しました。

それは、起業家たちが「損失は無能な経営の結果で恥ずべきことだ」という思い込みから解放されて、自社の損失について飾らずに語っている姿でした！

お金の真実を探究するための問い

- [ ] ビジネスとは継続的に利益をあげることなのでしょうか？

20番目の嘘

かかったコストで価格が決まる

経済学の理論では、価格は需要と供給によって決定されると説明しています。提供するモノやサービスを調達するのにどれだけコストがかかったかが、サプライヤーが行う販売価格と数量の決定に影響を与えます。サプライチェーンの各段階の原材料価格に、彼らの利益を加えたものがトータルのコストになります。

しかし、この価格、つまりトータルコストの中には利子が隠れています。サプライチェーンを構成する企業は、自分の借金や不動産ローン、またはリース料の利子として支払った分を次のサプライヤーへの販売価格に上乗せします。

この利子の存在については通常触れられることも、そこだけを切り出して計算されることもありません。
最終価格に利子が占めている割合は、産業革命が始まった頃は無視できる程度でしたが、その指数関数的に膨らむ性質によって加速度的に増加しています。

今日、その割合はいよいよ無視できないほどにまで大きく膨らみ続けています。

マルグリット・ケネディ博士は著書『インフレとも利子とも無縁な貨幣（日本語抄訳のみ）』の中で、1980年代初頭にこれらのサービス価格に含まれている利子の割合を計算しました。

　ごみ収集　12%
　飲料水（上水道）　38%
　下水、汚水処理の使用料　47%
　公営住宅の家賃　77%

ケネディ博士は、「誰もが利子を払うと同時に受け取ることもできるのだから、利子の仕組みは公正で民主的である」という考えは誤りだと指摘しています。その考えは価格の中に含まれる利子の要素を無視しています。
博士が1982年に計算したところによると、比較的少数である上位20%の富裕層が受け取る利子のほうが多いのに対し、残りの大多数は支払う利子のほうが多いということがわかりました。

何をもって公正なのかという問題は別にしても、複利とは、自動的にお金をより少数の人々に集中し再配分する仕組みです。これは複利がシステム全体に生み出している構造的なジレンマです。

この本では、価格が価値の指標としての役割を失っていることについても触れてきました（参照：セクション（#3）「借金は悪い」、セクション（#5）「最高の商品やサービスが、最高の利益をもたらす」）。

加えて、このセクションでは、このようなことが起こる巧妙かつ見えにくいメカニズムの一つを明らかにしたのです。

お金の真実を探究するための問い

☑ かかったコストで価格が決まるのでしょうか？

21 番目の嘘

お金があれば自立できる

2001年11月21日　トラーニ
トラーニはポリニャーノから海岸沿いに北に60キロほどいっ
たところの風光明媚な港町です。

午後7時45分、トラーニ駅のバー、カンパリ片手のひととき。隣を見るとがっしりした体格の男性が何やらもくもくと作業しています。男性が次々と数字を読みあげると、カウンター越しにいる女性のバーテンダーがそれをメモしています。そのメモの数字に照らして、彼女が黒いマジックで手際よくチェックしているのは束になったロト・チケット（宝くじ）でした。
二人は真剣です。男性がたくさんロト・チケットを買ってきたのでしょう。このチェック作業は15分もかかる大仕事でした。

おそらく、この後、それらのチケットは、まとめてスキャンされたデータになり、ローマやミラノ、あるいはハンブルクやマドリードにあるどこかの巨大な国家システムに取り込まれるでしょう。

私は彼女の行く末に思いを馳せました。

彼女がミスをしていたら・・・？
彼が当たり番号を引き当てたのに、彼女が当選番号をごまかしでもしていたら・・・？
そこから一族を巻き込んでトラーニの町を二分する350年にもわたる抗争にでもなってしまったら・・・？

おっと、ちょっと考えすぎたみたいです。きっと彼女は彼の姪か、息子の結婚相手か、いとこの娘でそんなことは起きないでしょう！

さて、その男性はどんな夢を描いているのでしょう？　もし当選したら何をするのでしょう？　大当りを手にすることで、人生に何がもたらされると彼は考えるのでしょう？　自由、それとも自立？

お金があれば自立できる、誰もが単純にそう信じたくなります。十分にお金が貯まったら、雇われの仕事から解放されて、自立して自由と安全が手に入るに違いないと。

皮肉なことに、現実は逆の方向へと進みます。最初から自立心を持っている人が自立するのであり、たくさんお金があるからといっても自立心は手に入りません。

若い二人の女性ロゼッラとアンナには最初から自立心がありました。
彼女たちは最近、ポリニャーノに自分たちのバーをオープンしたばかりです。しかし、それは大胆な試みでした。イタリアのほかの地域と同じように、ここポリニャーノにも数えきれないほどのバーがひしめいています。その中の、男たちが牛耳るバーテンダーの牙城に割って入ろうなんて。

ところが、これが功を奏したのです。素朴ながらも、温かく居心地の良い雰囲気、美しく上品なしつらえ、そして絶品のバーフード。今や、ロゼッラとアンナのバーは群を抜く町一番のお店です。

若くて魅力的な二人は、人知れぬ輝きを放っています。彼女たちのとりつくろわない、ありのままの気品に溢れるさまが、自立心を醸し出しています。いくらお金があっても、この魅力は手に入りません。その魅力があったからこそ、ビジネスを軌道に乗せるためのリソースやお金が自然と集まったのです。

「自立」という言葉は「あなたが意識的に"ある（特定の）活動のソース*"になって行動を起こし、そこから起きることの責任を引き受ける」という意味を持ちます。

本当にそうなら、「自立」とは人生で起きるべきことがただ起きただけのことで、それは良いことでも悪いことでもありません。

「自立」とは、あるタイミングで自然に起きる個人や集団の発達や進化における一つの段階を表すものです。それを止めることは不可能で、一度起こると元には戻りません。
「自立」するときは、草花が実を結ぶときのように周囲から影響を受けたり、助けを得ることもあるでしょう。お金がこれに一役買うこともあります。
しかし、本質的に「自立」は、お金などの周囲からの影響があろうとなかろうとおのずと起きてくるものなのです。

自立心が発達した人は、「人から指示されて働く」ことに気が進まなくなります。ただ、やりたいサービスのために誰かと契約を結んだり、パートナーシップを組むことはあります。

さらに、ひとたび「ある活動のソース」となり自ら動き始めると、人から指示されて働く立場にはもう戻れません。同時に「誰かに面倒をみてもらうのが当たり前」という考えを手放してしまいます！

特別注釈：「ある活動のソース」とは？

"ある活動のソース"という言葉について、初めてお聞きする方もいらっしゃるかと思いますので、ここで、監訳者の吉原史郎と著者のピーター・カーニック氏と共同で特別注釈を入れさせていただきます。

"ある活動のソース"、これは、著者のピーター・カーニックが提唱する「ライフソース・プリンシプル」で用いられる独自の言葉です。「ライフソース・プリンシプル」とは、誰もが『自分自身の人生を生きている』こと、誰もが愛してやまない人生を生きる素質を持つことを前提にした実践知（プリンシプル）です。

※プリンシプルで表現していること：実践的レンズであり、更新可能性があること（非独善的であり、理論でもなく、自然の法則や自然の原理でもない）

ライフソース

　誰もが『自分自身の人生を生きている』ことを、誰もが『ライフソース』であると表現しています。「ライフソース・プリンシプル」では、『ライフソース』としての私たちが、人生のあらゆる活動を湧き上がる「人生のビジョン（ライフビジョン）」と他者とのつながりを大切に、協同することに焦点をあてています。
　人生には様々な活動を始める場面があります。趣味のサークル活動を始めるとき、会社を始めるとき、結婚して、夫婦関係を始めて、子どもを育てるとき、食事会を企画して開催するときなど、実に多様です。
　「ライフソース・プリンシプル」では、上記のような人生での「特定のある活動」を、"湧き上がる「ライフビジョン」とともにリスクを取って始めた人"の想いや熱量をリスペクトしています。そこで、"その人"のことを本文にもあるように、"ある活動のソース"と呼んでいます。また、具体的な活動を明確にするために日頃は"〇〇のソース"と表現しています。上述の活動の場合、サークル活動のソース、会社のソース、夫婦関係のソース、食事会のソースなどとなります。

"ある活動のソース"からは、人生の『ライフソース』として、独自の「ライフビジョン」が湧き上がっています。私たちは新しく活動を始めるとき、自分の「ライフビジョン」に魅力を感じて自然と集まってくる、あらゆる「ライフリソース（仲間、アイデア、環境、情報、お金など）」とのつながりを大切に協同します。そして、活動を通じて、ライフビジョンを具現化していきます。

大切な視点

"ある活動のソース"とは、あくまでも、誰もが『ライフソース』であることを土台（前提）にしています。つまり、まず、誰もが『ライフソース』として自分のライフビジョンを生きていることがあります。次に、人生の中で"ある活動のソース"として活動を始めたり、他の人が始めた活動に参加するという順番です。そのため、"ある活動のソース"の活動に魅力を感じて参加する人は、大前提として、その人自身のライフビジョンから見て共感したため、その活動に参加していると捉えています。

したがって、"ある活動のソース"が活動に参加するメンバーに自身のライフビジョンを強要すべきではなく、説得する必要もないと考えています。

ライフソースとして相互に尊重する

　この考え方は、企業活動の場合だと、上司の部下への接し方、組織のパーパスを通じたエンパワーメント自体に、たとえば以下のような問いを投げかけます。
「メンバーや仲間を本当にいのちある存在として、『ライフソース』として尊重できているのだろうか？　ただ、自分の目的を実現するための道具として扱ってはいないだろうか？」
　このように、お互いを「ライフソース」として尊重し合いながら協同し、人生を生きていくための実践知が「ライフソース・プリンシプル」です。趣味や家族、仕事などを含む人生の視点に立ち、より広範でダイナミックに私たちの協同を見ることができます。

オーガナイジングの実践

　そのため、「ライフソース・プリンシプル」では、「組織を静的な名詞ではなく、動的さを表すことができる動詞の進行形」で捉えています。オーガニゼーション（組織）という名詞ではなく、オーガナイズ（動詞）を進行形にした「オーガナイジング」という視点を通じて、より実践的かつ動的に見ています。

「オーガナイジング」を通じて、私たちのあらゆる活動（企業経営を含む）を、これまで以上に人生全体を対象として、より動的な営みとして感じ、考え、実践知を蓄積していくことが可能です。このような人生を生きるときの実践知、それが「ライフソース・プリンシプル[注釈36]」です。

用語の整理

※「ソース」と「インナーソース」との区別

「ソース」は二つの意味を持ちます。それは『ライフソース』と「〇〇のソース（ある活動のソース）」です。「ソース」と区別すべき言葉として「インナーソース」があります。「インナーソース（Inner Source）」とは、大地や自然、宇宙とつながり、ライフビジョンのための大切な情報を身体を通じて受け取るためのチャネルのことです。著者は「自分のインナーソースを育む」「自分のインナーソースとつながる」などという表現を使います。

注釈36　「ライフソース・プリンシプル & ライフ・マネーワーク」（提唱者：ピーター・カーニック）（参考：「Junkan-Aida」公式サイト）

お金の真実を探究するための問い

- ☑ ロトの大当たりを手にすることで、人生に何がもたらされると考えているのでしょうか？ 自由、それとも自立？

- ☑ お金があれば自立できるのでしょうか？

22番目の嘘

私たちはお金に依存している

ホテルの客室係、フランス語にすると「ファム・ドゥ・シャンブル（Femme de Chambre）」というなんだかとっても上品な響きです。今滞在しているこのホテルの客室係の女性はよく働き、生活にも満足しているようです。

彼女には、自立心はないのでしょうか？　一見そうでなさそうでも、彼女は思い立って事業を始めるだけの自立心を持ち合わせているかもしれません。

知らない世界に飛び込むときは、自立心が欠かせません。自ら事業を始める道を選んだ人は、たしかに自立心があると言えるでしょう。
しかし、逆はそうとも言えません。誰かに雇われている人には自立心がないというのは、さすがに言い過ぎです。

この説明は、前のセクションの嘘にあまり納得がいかず、誰かに雇われていても「自分は自立している」と自負がある人にとってはひとまず安心でしょう！

私は彼女に「トラーニに行ったことがありますか？」と尋ねてみました。すると「実は、最近、初めて行ってきたのよ」という返事。私は勝手に南イタリアで「貧しい」とされているこの地域の人はあまり旅行しないだろうと早合点していました。これは私の思い込みで、彼女の兄は地元で旅行代理店を経営しており、娘二人もそこで働いているとのこと。

彼女にとっては、海岸沿いを60キロ移動する程度の小旅行に興味は湧かないのでしょう。彼女は、トラーニの町を「きたないところよ！」とさえ付け加えました。そこに、彼女の地元愛とライバル心が垣間見えました。

彼女が働くのは、お金のためでしょうか？
おそらくそうでしょう。
お金のためでないとしたら、私の部屋を掃除してくれるでしょうか？
たぶん、しないでしょう。

つまり、彼女はお金に依存しているということでしょうか？

セクション（#21）で私は「お金がなくても自立できる」と提案しました。もし、そうならば、必要なものはなんでもお金で手に入れている私たちは、お金に依存することで自立していないことになるのでしょうか？

そもそも、お金とは依存を意味するのでしょうか？

「自立」の反対は「依存」かというと、そのようなシンプルな問題ではありません。

依存とは人生における現実です。人生は人と人が依存し合うことによって織りなされるものです。私たちは誰にも頼らず一人でできることはほとんどありません。これこそが人生の恵みです。

この依存し合う関係こそが、人生を豊かで意味のあるものにしてくれるのです。
私は、この本を読んでいるあなたに依存しています。あなたがいなければ、この本を書くことに何の意味もありません。

そして私もあなたから依存されているなら幸せです。私が数十年かけて探究してきたお金への知見があなたの役に立ちますように。

こうして、私たちはともに豊かになっていくのです。

自立は依存と矛盾するものではありません。逆説的ですが、自立とはむしろ依存することによって支えられているのです。

人々が織りなす賜物としての才能や能力に喜んで依存する、「他者を支え、他者からも支えられている」というつながりを確信したとき、私たちは本当の自立に至ることができるのです。
自立と依存の意味を取り違えて、このつながりから自分を切り離そうとすると、私たちは孤独に陥り、自立心も生きる目的も薄れてしまいます。

お金は人と人との間で行われる交換において、重要な役割を担っています。本当に良いお金の使い方をすれば、その交換を通じてお互いの関係性が育まれ、より多くの質の高い交換へと発展します。

一方で悪いお金の使い方をすれば、逆にお金が対立の引き金になることもありえます。
ただ、いずれの場合も、お金そのものが幸福や不幸をもたらしているわけではありません。幸福や不幸の原因をお金のせいにしたときに、私たちは「お金に依存している」と取り違えるのです。

まとめましょう。
「依存」は私たちのあらゆる関係の中に存在しています。お金はこれらの関係において一つの役割を果たしているかもしれませんが、お金そのものが「依存」を生み出しているわけではありません。
そして、私たちが人との関わりの中で自立が欠けてしまうのは、「他者に過剰に依存している」のではなく、「自分の自立心が育っていない」からです！

お金の真実を探究するための問い

- ☑ 必要なものはなんでもお金で手に入れている私たちは、お金に依存することで、自立していないことになるのでしょうか？

- ☑ そもそも、お金とは依存を意味するのでしょうか？

23 番目の嘘

年金と貯金があれば老後が安心

今日、私たちは、老後の備えとしてますます収入の多くを年金や保険に注ぎ込むように駆り立てられています。

本来、国の公的年金は、退職後の基本的なレベルの生活を支えるのに十分な仕組みとなるはずでした。
それを信じて何十年も忠実に年金を納めてきたある人は、突然「公的年金だけでは基本的な生活を支えることはできません」と知らされます。

結果、もともとはちょっとした贅沢をするための補完的制度であった民間の年金を使って将来の生活を補わなくてはいけません。と同時に、積み上がっていく生命保険料や医療保険料も、私たちの毎月の給与を削っていきます。

スイスは、世界で唯一、国民が食費や住居費よりも保険料を家計に費やしている国でした。しかし、それは最近までのことで、今や他の国々も次々と同じ状況になりつつあります！

その一方で、支払いの約束を果たせない年金基金が出現しています。また、官民ともに医療サービスのコストが急速に膨れ上がり、サービスの質を維持できない状態に陥っています。

この状況をどう考えればよいのでしょうか？　いったい何が起きているのでしょうか？

私はこの嘘を明らかにすることで、貯蓄や年金制度、保険契約の価値を否定したいわけではありません。年金や保険は合法的であり、善意ある、優れた社会制度に違いありません。しかし、このセクションではこれらを管理している年金・保険業界の巧妙な「ごまかし」に対して重大な申し立てをしたいのです。

年金・保険業界は、守れないと予測できたはずの約束を行い、長い間人々から真実を隠し通してきました。それを謝ることなく、さらに新商品を次々と開発して販売し、いまだに人々に守れない約束をし続けています！

私はこの主張には自信を持っています。

今日交わされている年金契約通りの約束が将来果たされるかどうかの確率は、天地がひっくり返るような局地的、または世界的な災難の発生を想定しない限り、保険数理統計を用いて数学的に計算可能だからです[注釈37]。そのために複雑な計算はいりません。簡単な数学がわかっているだけで十分です。

この計算をすれば、年金の約束が最初から「ごまかし」だったことが明らかです。

注釈37 保険数理統計を専門で行うアクチュアリー（保険数理士）という資格があります。アクチュアリーは確率や統計などの手法を用いて、将来の不確実な事象の評価を行い、保険や年金、企業のリスクマネジメントなどの多彩なフィールドで活躍する数理業務のプロフェッショナルのこと。アクチュアリーは、生命保険や損害保険社で、過去の統計データから得られた死亡率や事故の発生率などに基づいて保険料を算定しています（参考：「日本アクチュアリー協会公式サイト」）。

私は年金・保険業界の「ごまかし」に対して重大な申し立てをしています。これからその根拠を示しますので、異議がある方は、ぜひとも、これが誤りだという根拠を教えてください。

今日の年金制度に投資されているお金は、将来の価値を増やすどころか、現在の価値を維持する運用益さえも生むことができません。それは、あらかじめ想定できるはずの大きな問題が二つあるからです。

１つ目の問題：人口動態の変化

年金制度が広く普及したのは第二次世界大戦後のことです。1960年代までに政府が最低限の社会的基準を設定し、法的に義務化された制度となりました。

これが偶然にも戦後のベビーブーマーの成長期と重なりました。ベビーブーマー世代の人たちが働き始めると、急増した収入からの資金が年金制度に流れ込みました。一方で引退する親や祖父母の世代はそれよりもはるかに少なかったので、高齢者を支える資金としては十分でした。

これが機能したのは、現役世代からの年金収入が年金受給者に直接分配される「賦課方式」という仕組みのおかげです。現在では多くの国がこの「賦課方式」を採用しています。

第三千年紀（2001年～3000年）になってから引退した世代は、この「賦課方式」によって、人口統計上の恩恵をいまだに享受しています。

政府による賦課方式、いわゆる「非積立方式」の年金制度では、現役世代からの年金収入を「利息が累積する積立基金」に積み立てて運用するのではなく、直接退職者に分配しています。そして、退職者への年金の給付額は、近年これまでで最も高い水準に達しています。

なお、年金制度には「積立方式」というものもあります。これは、現役世代が自分の老後のために年金を積み立てて運用し、それを利息や損失とともに受け取る仕組みです。[注釈38]

みなさんはこれを聞くと、年金制度はうまく機能しており、今後もずっと続くかのような印象を持ったかもしれません。しかし、ベビーブーマー世代が退職年齢を迎える頃に、この構造は逆転します。年金受給者が増加する一方で、それを支える世代の人口が減少していくのです。

注釈38　日本の公的年金保険は積立方式でスタートしましたが、戦後の激しい社会経済の動きの中、急激なインフレや人口増加の理由により、賦課方式に移行しています。

この状況が持続的でないことは何十年も前から計算できたことです。しかし政府は国民にその真実を伝えることなく、年金業界と手を組んで公的年金を補完する次の新たな仕組みを作り出しました。

それは雇用主が管理する積立方式の年金制度に従業員を強制的に加入させる方法です。雇用主が自動的に従業員の給料から一部を天引きし、自らの拠出金も追加してそこから生まれる利息とともに運用する企業年金という仕組みです。その仕組みでは、運用によって増えた資金が、将来従業員の公的年金に上乗せされて給付されます。

もともとの約束では、公的年金だけで老後の基本的な生活が保障されるはずでした。しかし、今日では賦課方式の公的年金と積立方式の企業年金を組み合わせて約束を果たそうとしています。まだ終わりではありません。あなたは、いつまでも「まだ安心して眠れませんよ」と老後の不安に追い立てられます。

私たちがこれまできちんと保険料を納めてきたことで、年金基金の規模が膨らみ、業界も巨大化しました。それでも、あなたが受け取る年金は老後の基本的な生活をまかなうには十分ではないというのです。

実際、今この瞬間にも、あなたは収入の一部を自ら削って、別の積立基金に預けるように勧められているかもしれません[注釈39]。もともとの約束、つまり退職後の基本的な生活が「今度こそ保証されます」と。

企業年金で補完しようとしたとしても、政府の約束が守られないことは、最初から完全に予測できたことでした。今日の状況も同じです。将来の安心を補完する新たな積立基金に収入の一部を充てたとしても、その約束が守られることはないでしょう。これには、2つ目の問題が関わっています。

注釈39　ここで言う「別の積立基金」とは、英国で言えば、職域年金制度や個人適格年金などの私的年金（日本では、企業年金、個人年金（iDeCoなど））を指していると推定されます。これらは、公的年金を補完する形で導入された任意に加入する私的年金制度です。日本では、バブル崩壊後に、企業年金において運用環境の悪化にともなう損失が発生し、制度が廃止に追い込まれた事例がありました（参考：日本年金機構公式サイト、金融広報中央委員会「知るぽると」）。

2つ目の問題：複利によって加速する再分配の効果

この問題についてはすでに取り上げましたが、ここではもう一度簡潔に説明します。複利とは、経済におけるお金の流れや商品・サービスの価格に影響を与え、自動的にお金を少数の人々に集中させる再分配システムだと説明しました。
このシステムの影響力は巨大で、個人でなんとかできる範囲を超えています。

あなたが、老後の年金の心配をしなくても済むような富裕層に属していれば別です。そうでなければ、今提案されているとおりに積立基金に追加の拠出をしたところで、この再分配システムにはとても対抗できません。

さらに皮肉なことに、あなたや一般の人々が提案されたとおり、一斉に大量に資金を投じると、意図していたものとはまったく逆の結果をもたらしかねません。

その理由はこうです。あなたや他の人々が将来の年金が約束されるためにと、投げ打った今のお金が積み重なって多額の運用資産となり、運用マネジャーによって金融商品に仕立てられて、金融市場で取引されます。

取引ごとに金融機関に落ちる手数料はわずかですが、現代の電子技術によって高速に取引されることで、その手数料は莫大に膨れ上がっていきます。取引の瞬間に発生する金融機関に支払われる手数料は、即座に現物の財やサービスに交換されますが、あなたが年金を受け取れるのは、何年も経ってからになります。

これは、投資をすることで、現在と将来にわたって実質的価値を気付かぬうちにじわじわと吸い取られていることになります。

皮肉にも、建前上あなたの老後の資産を守る目的で行っていることが、少数の人々にお金を集中させる再分配システムの燃料になるのです。つまり、あなたの老後の生活は豊かになるどころか、逆にあなたから豊かさを奪いかねません。

ここで示した二つの問題で明らかになってきたと思います。年金・保険業界が提案する「積立基金の運用によって、あなたの老後に必要な資金が確保されます」という約束は、巧みな予測のうえに、計算されつくした「ごまかし」なのです。しかし、悪いニュースはまだ続きます。まだ触れていない重要な問題が二つあります。

３つ目の問題：年金基金の運用マネジャーや年金業界に託されている資金が実質的な富を創出していないという事実

年金基金の成績は同業他社との運用パフォーマンスの比較によってのみ判断されます。あまり知られていないことは、彼らは投資先を新規に開拓しているわけではなく、大部分がもともと存在している投資対象に投機的取引を行っているだけという事実です[注釈40]。新しい富を生み出すプロジェクト、たとえば産業の発展を促すような直接投資は、この投機取引に比べればごくわずかです。

運用マネジャーは、直接的な富の創造に貢献しないことによって、年金受益者の長期的な投資価値をリスクにさらしています。

注釈40 投機とは、相場の変動を利用して利益を得ようとする短期的な取引のこと。人々の間で実際に行われる財やサービスのやり取りなどの実体経済に基づく取引や長期的な資産価値の向上を期待することを「投資」と言い「投機」とは区別されます（参考：「全国銀行協会 教えて！くらしと銀行」）。

そこに資金を投入しないのは、そのリスクを回避するためである。
運用マネジャーはさらりと説明します！　このような本末転倒なふるまいこそがこの業界が抱えるより深刻な問題であり、年金業界の社会的無責任を示すものです。

4つ目の問題：変性疾患の進行、技術の進歩、平均寿命の延伸による複合的影響^{注釈41}

平均寿命が年々延びるにつれ、年金制度に必要な資金が大幅に増加し、医療費も指数関数的に増加しています。数年前、アメリカで実施された調査によると、平均で生涯に費やす医療費の20%が、人生の最後の1年間に、50%が最後の5年間に使われていることが明らかになりました。延命治療の技術進歩によりこれらの割合は確実に上昇傾向にあり、それに費やす高額な医療費は医療保険費急増の主たる要因となっています。

注釈41 変性疾患とは組織や臓器が徐々に損傷し、機能が低下する病気です。たとえば、アルツハイマー病や変形性関節症などがあります。

ここまで示した四つの問題から、次のことが言えます。
これまで年金や貯蓄が平穏な老後を保証してくれるとあてにしていた人は、その期待が裏切られないかどうか、いよいよ気にかけるべきタイミングです！

明らかなのは、あなたへの約束が果たされる見込みは低く、投資した資金の価値は維持されるどころか時間とともに減少していくということです。
さらに、老後に費やす医療費の増加は止むことがなく、特に終末期の延命治療のコスト上昇は深刻です。

ありがたいことに、救いはあります。
それは、あなたの平穏な老後は、そもそも年金やお金に依存していないし、これからも依存する必要はありません。それが「嘘」だとこのセクションで示したのです。

あなたの平穏な老後を支えてくれるのは次の三つです。

心の調和
健やかな身体
人とのつながり

そこに意識を向けることは、今すぐにでも始められます。
今、この瞬間も、次の瞬間も、一日一日を積み重ね、最後の一息まで意識を向け続けるのです。
もしお金に余裕があるなら、この三つを育むために最善の投資をしましょう。今この瞬間に、次の瞬間も、その次の瞬間も。
それは遠く離れた場所の見知らぬ人々に管理され、決して実現しない未来の約束をあてにするよりも、はるかに賢明な選択です。
お金を使って晩年を楽しむことはできます。
でもお金によって、あなたに本当の平穏がもたらされることはありません。

お金の真実を探究するための問い

- [x] 年金と貯金があれば老後が安心なのでしょうか？

24 番目の嘘

カジノのような投機的取引こそが、金融システム改革によって解決すべき問題だ

金融改革論者は、一般の人に対して、こう警告します。

「スイスのバーゼルにある国際決済銀行（BIS）のデータによ[注釈42]ると、毎日取引されている何兆ドルもの資金の90％以上が投機的取引なのです」

そして、人々がモノやサービスを交換している「実体経済」とは何の関係もなく、それはまるで、「急速に成長するがん細胞が宿主の命を奪うことのようだ」と。

彼らは、このようにデータを組み合わせて「急を要する問題だ」という危機感を想起させて、自分たちの主張に賛同させようとします。

注釈42 ここで言う国際決済銀行（BIS）のデータとは、3年ごとにBISおよび各国・地域の中央銀行が、多くの金融機関の協力を得て取りまとめている包括的で国際的に整合性のある統計「外国為替およびデリバティブに関する中央銀行サーベイ」のことを指します。2001年4月の調査では、全世界の外為市場1営業日あたりの平均取引高は1.2兆ドルと報告されています（参考：「BIS Triennial Survey, About」、「日本銀行 外国為替およびデリバティブに関する中央銀行サーベイの解説」）。

ここで金融改革論者は二つの嘘をついています。
一つは「誇張」の嘘、もう一つは「計算」の嘘です。

1つ目の「誇張」の嘘とは、投機的取引だけを取り上げて実体経済をむしばむ元凶としていることです。

ギャンブルのカジノは実体経済と違うところに存在しているように見えます。同様に実体経済が投機的取引と切り離された外の世界に存在していると考えてみましょう。

カジノでは、チップという実体のないお金を大量に作り出してプレイします（投機的取引ではこれが金融商品になります）。ところが、カジノの世界が実体経済と「接点」を持ってしまう場合には意識しておく必要があります。

カジノが実体経済との接点がない場合、つまり、昼にただカジノに興じていても、それが夜に家で過ごす現実世界と関わりを持たない限りは実体経済には影響を与えません。

もう一つの「計算」の嘘について説明します。

あなたと私が向かい合って座り、1ドル紙幣を1秒に1回の速度で12時間を超えて、ぐるぐると交換し続けたとしましょう。そうすると、私たちは1日で約45,000ドルを交換したことになります。この"仕事"を、年間200日間続けて行えば、年間約900万ドルの取引をしたことになります。私たち二人分を国際決済銀行に報告すれば、おそらく年間約1,800万ドルが取引されたと統計に記録されるでしょう。

ここが「計算」の嘘です。ただ、実体のない数字を計算しているに過ぎません。

実際には、どの瞬間も、私たちは二人で一杯のコーヒーを買うお金さえも持っていません。にも関わらず、実体があるかのように1,800万ドルという取引金額の大きさを取り沙汰するのは明らかにどうかしています！

ここまでで二つの嘘が明らかになりました。ところが、投機的取引と実体経済に「接点」があるとしたら、金融改革論者が声高に訴えることが少し意味を持ち始めます。

ここで、もう一度、カジノの話に立ち返ってみるのがよいでしょう。

接点１：利子の支払い

カジノに入場すると、プレイするために現金でチップを買い、退場するときに今度はチップを現金に戻します。しかし、大きく勝負に出たいときや、負けてからもプレイを続けたい場合は、カジノの胴元は喜んであなたにチップを貸してくれます。

胴元は好きなだけチップを作り出せますが、借入にかかる利子は現金で要求されます（あなたの負けがこんで返済ができなくなったときの保証として、あなたに不動産担保を要求してくる場合もありますが、それはまた別の話です）。

ほとんどの国の法律では、利子は優先して返済に充当しなくてはならない費用の一つです。もしあなたが破産して資産を売却したときは、その売却代金から利子を支払わなくてはいけません。

つまり、あなたが利子を支払ったり、またはその支払いを約束するだけで、胴元はすぐにカジノの外の現実世界でモノやサービスを購入できるのです。

さらに、あなたがカジノでプレイを続けている間、胴元は喜んで貸出期間を引き伸ばし、元本に加えて、かかった利子に対してもさらに利子を課し続けます。時間が経つにつれて、返済の総額のうち利子が占める割合が指数関数的[注釈43]に増加していきます。

注釈43　「指数関数的」というのは「利息が利息を生む複利効果」の数学的な表現です。利息が払えない（あるいは利息分も再投資する）場合は、元本に加算（元加）され、その増加元本に利息がつきます。その計算は、(1+r) の T 乗と表現されます（1 が元本、r は金利、T は期間）ので、T 乗で（指数関数的に）増えていくという意味です。

接点2：仲介手数料の支払い

金融市場というカジノでは、胴元の金融機関は無料でゲームを提供しているわけではありません。各取引に対して少額の、ときにはほんのわずかかもしれませんが手数料を課していきます。この手数料は、取引の額面金額と連動しており現金で支払います。利子と同様に、この手数料も法的に優先して請求される費用です。

金融機関があなたから得る現金は、取引額と、取引の回数または速度によって決まります。金融機関にとっては、できるだけ大きい額面金額で、高回転の取引が行われるほど利益につながります。

胴元である金融機関が金融商品という独自のチップを無制限に創り出し、それに利子をつけて貸し出すことによって、プレイヤーたちはより高額の賭け金でギャンブルをするように促されます。高度に進化した電子システムが導入されたことによって、以前とは比較できないぐらいにリアルタイムでの取引量が爆発的に膨らみました。

これは金融機関にとって、そつがないビジネスです。しかし、この構造全体の勢いや成長を推進するもう一つの接点が存在しています。

接点3：注意の矛先

3つ目の接点は、前の二つの接点とは次元が異なります。ギャンブルでは、普通に働いて稼ぐのに何年もかかるようなお金を瞬時に手に入れられる可能性があります。これがギャンブルの魅力となって、人々を惹きつけるのです。

ギャンブルは個人だけでなく、企業までをも惹きつけます。金融商品は、もともと市場価格の変動によるリスクを抑制することで、企業を助けようとして設計されたものです。[注釈44] しかし、それが皮肉にも実体経済を離れた投機的な取引のカジノ商品として、価格変動を助長する大きな要因となったのです。

注釈44　外国為替、株価、金利、債券、石油や小麦などの価格は日々刻々と変動していますので、企業は常にそれらの価格変動リスクにさらされています。たとえば輸出企業は円高、輸入企業は円安になると損失が発生します。企業の調達金利や運用金利も日々変動します。先物取引、スワップ、オプションなどの金融派生商品の取引は、もともとはそのような市場価格変動リスクを回避するために開発された金融商品です。

このような事態を招いたのは、企業が、ギャンブルを通じて手っ取り早く高いリターンを得られる可能性に魅了されてしまったからです。モノやサービスを提供して得られるよりも何十パーセントも高いリターンに目がくらんでしまったのです。

企業や法人は、ゆっくりと確実に、そして組織的に、注意の矛先を中核事業から逸らしていきました。

企業が行うギャンブルは、最初は財務部門に限定されていました。それが今では世界的な大企業のいくつかが、自らが金融機能を担うまでになり、ほとんど小さい規模でリターンを得ようとする金融機関と化しています。

これによって、従業員や労働組合、顧客、サプライヤー、そして日常的な業務といった、実体経済や現実世界に関わることのわずらわしさから解放されます。そして、運に恵まれればはるかに大きなリターンを株主に提供することが可能になります。彼らは、このように主張して、危ない橋を渡ろうとします。

この転換が進むことで、金融市場というカジノ全体が拡大し、手数料や利子の額がさらに増加していきます。実際に、社会の中で最も学歴が高く、知的で、高収入を得ているキレモノたちがこのカジノに注目し、自分でギャンブルをしたり誰かにそのサービスを提供したりしています。

これまで何度も説明してきたことと重なりますが、これら三つの接点が組み合わさることが"てこ"となって、もともと裕福だった人たちに、さらに自動的にお金が集まるシステムを駆動します。

そして、多くの人が知らず知らずのうちに、日常生活をカジノに支配されてきます。

このカジノは、あたかも現実かのような魅惑的な幻影をまとったシュルレアリスム[注釈45]です。非現実が現実になり、その現実が非現実を作り出していくという自己強化型ループ[注釈46]を大きくし続けます。

注釈45　シュルレアリスム：surrealism、超現実主義。無意識の表現を重視し、夢や幻想を通じて現実を超えた美を追求する20世紀初頭の芸術運動。サルバドール・ダリ、ジョアン・ミロ、ルネ・マグリットなどが有名です。

注釈46　自己強化型ループ：フィードバックがシステムの変化を強化していくようなループ。フィードバックがシステムの変化を収束していくようなループを「バランス型ループ」と言います（参考：有限会社チェンジ・エージェント）。

今日では、ダウ・ジョーンズ[注釈47]の株価動向がスポーツの結果や天気予報と並んで普段のニュースの一部となっています。しかし、どうしても気になる疑問が残ります。

プレイヤーたちが夜に家に帰ってきたとき、カジノを離れた現実の世界では何が起きているのでしょうか？　誰がその現実世界を見守っているのでしょうか？　どれほど高い知性によって見守られているのでしょうか？

この金融カジノ・マシンが生み出したお金でどのような価値あるものが買えるのでしょう。その価値の実体はいったい何なのでしょう？

注釈47　ダウ・ジョーンズ（Dow Jones & Company, Inc.）：米国の金融経済新聞「ウォール・ストリート・ジャーナル」などの出版元、通信社。1882年創設以来、金融経済情報の分野における世界のトップ企業。1896年に開発した「ダウ・ジョーンズ工業平均株価」という株価指数は、「ダウ平均」または「NYダウ」と呼ばれ、米国株式市場の動向を示す基準となっています（参考：Dow Jones社公式サイト「会社概要」）。

このセクションで述べた金融改革論者が主張する「投機的取引こそが実体経済をむしばむ元凶だ」という嘘は大げさかもしれません。投機的取引を成長するがん細胞のように、宿主の行く末を乗っ取ってしまうたとえはそう悪くはありません。それによって、われわれが意図せず迷い込んでしまった道筋を振り返って、ふと目がさめるかもしれません。

しかしながらこの魔法を解くには、金融改革論者が提唱するような合理的なシステム改革だけでは不十分です。
私が提案したいのは、本書が暴き出している現在のシステムの土台を構成している嘘がつながり合っている全体像に向き合うことです。

お金の真実を探究するための問い

- ☑ プレイヤーたちが夜に家に帰ってきたとき、カジノを離れた現実の世界では何が起きているのでしょうか？
  誰がその現実世界を見守っているのでしょう？
  どれほど高い知性によって見守られているのでしょうか？

- ☑ この金融カジノ・マシンが生み出したお金でどんな価値あるものが買えるのでしょう？
  その価値の実体はいったい何なのでしょう？

25 番目の嘘

不労所得は悪いものだ

このセクションでは金融改革論者のもう一つの嘘を扱います。

それは働いて得られる勤労所得は、金利収入のような不労所得よりもはるかに公正で道徳的であるという主張です。

この嘘を明らかにするには、本当に有益なことは何かについての本質に立ち返って、良し悪しを深く掘り下げて考える必要があります。

この本では、何度も強調してきました。利子を課すことによって、もともと豊かな人々に対してお金が再配分されるシステムが生み出されている、そして、それがシステム自体の最終的な安定を脅かしていると。

しかし私は、金利収入が仕事からの収入と比較して不道徳で不公正であるとまで言い切るにはためらいがあります。

私は道徳的で公正かどうかについて、二つの判断基準を持っています。

一つは、収入を得ている人が広く世の中に貢献しているかどうか、そして、もう一つは、その行動がその人の人生を豊かにしているかどうかです。

私の基準に照らすと、「仕事がある人＝貢献する人」、「仕事がない人＝寄生する人」という単純な分類は、大雑把に型にはめて決めつけているようにしか見えません。

仕事についている人の多くは、一日中価値のないことをしているかもしれませんし、むしろその仕事によって、誰かに無視できないほどの損害を与えているかもしれません。

一方、仕事についていない人は、少なくとも損害を及ぼしておらず、場合によっては、収入に結びつかない、たくさんの善行を行っているかもしれません。

標準化された給与体系や時間単位で支払われる給与制度は、必要とされる実用的なものかもしれませんが、道徳や公正に照らしてみると正しいとすることはできません。

給与制度をこれまでの慣習に従って、ただ適用し続けていると、一人ひとりの個性や、おかれている状況の違い、ニーズの変化を捉えることがまったくできなくなります。
報酬の基準は、その人の仕事が「世の中にどれだけ貢献したか」によっても決まります。

仕事の報酬の基準はほかには、たとえば、次のようなものがあります。

- 時間
- リスクをともなう仕事かどうか
- 業績
- 家族状況／扶養家族の数
- 定着してくれること
- 相続の見込み
- 有能さ
- 個人的なニーズ
- 資格
- 個人のライフスタイルと将来のビジョン
- 献身度
- コミットメントの大きさ
- 存在感
- やりきる責任
- 喜び（周りに与える影響）

お金の真実を探究するための問い

☑ あなたが世界にどれだけ貢献しているかを考えたとき、あなたが受け取っているお金は足りないですか？ 多過ぎますか？ それとも、ちょうどよいと感じますか？

26番目の嘘

お金は
出ていっても、
いずれまた
入ってくる

あらゆる哲学や宗教は、寛容な心で与えることの美徳を奨励しています。いくつかの宗教では次のような「十分の一献金」の教えがあります。

> はじめに収入の10%を寄付し、残りの90%を自分で好きなように使いなさい。

お金が循環することで、社会が豊かになり、そのお金はやがて再び自分のもとに戻ってくる、そうすることで、あなたは天国に召されますという教えです。この教えはとても理にかなっているように思えます。

これがその通りだったら、これほど素晴らしいことはありません。残念ながら、現実はそうではありません。少なくとも、教えの通りにはいきません。システムの中に誰か一人でもこのルールを守らない人がいれば、その人がすべてを手に入れます！

どうして、彼らはそんなことをするのでしょう？　この本を読んできた皆さんには、見当がついているでしょう。

私たちは日々の現実を見据えたうえで、「寛容な心で与えること」の本質的な意味を見出し、実践的に行動していく必要があるのです。

「寛大であること」は力強く人々を惹きつけます。しかし、「ケチであること」だって、同じように魅力的です！　「ケチ」という言葉は「質素」「倹約」「慎重」「合理的」と言い換えることもできます。

一方で、表面的な「寛大さ」は、「浪費的」「無頓着」「打算的」「八方美人」と捉えられることもあります。それは純粋な慈愛からではなく、いい人ぶりたい、真っ当でいたい、もしくは神に取り入って「天国に召されたい」という下心からかもしれません！

残念ながら、私の個人的な経験からいうと与えることによって、期待通りの見返りがもたらされるとは限りません。

見返りを期待する損得勘定や「すべきである」「しなくてはならない」という義務感から寄付や贈与などを行っているとしたら、あなたは、本当の自分らしさから切り離されて「恐れ」に支配されています。

その行動は、周りに居心地の悪さを抱かせ（おっと、失礼！）、必要なものを引き寄せるどころか、逆に遠ざけてしまいます。

そのときにできることは何もありません。居心地の悪さの中にとどまり、ありのままの自分を愛することです！　ただそうすることです。

そして、今ここで、「寛大さによる魅力」と、「ケチからくる居心地の悪さ」の間を、振り子のようにいったりきたりと揺れ動いている様子を観察してください。
この葛藤こそが本物の、そして人間らしい強さであり、思いがけず、それがまた魅力につながります。

お金は出ていっても、勝手にまた入ってくるものではありません。
お金は出ていくときに出ていき、入ってくるときに入ってきます。力強くお金を引き寄せるのは、真の寛大さが滲み出す振る舞いです。

そして、すでにこの本で見てきたように、その振る舞いは、あなたに必要なものを引き寄せます。それは、必ずしもお金とは限りません。

今、私たちはより深く哲学的な領域に足を踏み入れています。皆さんも、いろいろと思いをめぐらせていることでしょう。
ここでちょっとだけ寄り道を。

あなたは今必要なもの以上に、いったい何が必要なのでしょう？　寛大な宇宙はどの瞬間もあなたに必要なものを手渡してくれます。それを最も意識できるのは、本当の自分とつながり、愛してやまないことをしているときです！

この寛大な宇宙にもまた季節があります。

春に芽吹いて花が咲き、
夏は実をつけ香りを放ち、
秋の実りはやがて枯れゆき、
冬に籠って次の芽生えを待ちます。

私たちが大切にしたいことは、自然と同じように、うつろいゆく季節を感じながら生きることです。そして、そのときどきに、手渡したり、控えたり、蓄えたりしながら、しなやかな人生を送ることです。

お金の真実を探究するための問い

- [ ] あなたは今必要なもの以上に、いったい何が必要なのでしょう？

27 番目の "いくつもの" 嘘

お金は豊かさをもたらす

タイトルに「いくつもの」と入れたのは、この嘘は、一つではないいくつもの顔を持っているからです。

今日は、プーリアの州都バーリの町をさまよいながら、この本で、これが嘘だと表明してよいものかとずっと考え込んでいました。そうすることで、これまで私が読者の皆さんから得てきた好意や信頼、納得感を一切合切失ってしまうかもしれないからです。

今、私は宵闇（よいやみ）の冷たい風を逃れ、ここ「カフェ・ラセクラテレ」という店の奥、暖かくて居心地が良さそうなくぼんだ壁に囲まれた席にたどり着きました。

店の中は若い女性のバーテンダーと私だけ、甘い音楽が流れ、目の前にはラップトップとカンパリ、赤い薔薇を抱える花瓶、そして、彼女がそっと運んできた、オリーブとナッツ、チーズ、くん製肉。私が頼んだのは一杯のドリンクだけなのに！

ああ、なんという豊かさ、至福そのもの

ここで、語られるべき真実をお伝えします。

「お金を手にして豊かになれます」と訴える書籍・講座・投資プラン・ネットワークビジネスが、どれほど多く販売され、同時に多くの人を欺いてきたことでしょう。

最近では、巧妙な投資スキーム[注釈48]や節税対策・販売テクニックから、瞑想やイメージを通じた心理操作や、集団での騒々しい神秘体験をともなうものまで、およそありとあらゆるお金儲けの手段が勢ぞろいしています。これらを試すと、お金は増えるでしょうか？

注釈48 「投資スキーム」：株式や債券含め様々な金融商品や金融手法を組み合わせて、その配分など枠組みを決め投資を行う仕組みのこと。特に、大勢の投資家から資金を調達して行う投資信託やファンドは「集団投資スキーム」とも呼ばれています。

もしお金が増えているなら、次の二つが同時に満たされているでしょう。

1. (セクション（#5）で述べたように) 目もくれずお金儲けに没頭している
2. たまたま「お金を手にして豊かになるビジネス」に早くから参入し、ピラミッドの上位にいる

これらの原理の成り立ちをよく表す、若い頃に聞いた話があります。
新聞にこのような一行広告が出ていました。

「大金持ちになる方法を教えます。1ドル札と切手を貼った返信用封筒をこちらに送ってください」
返信すると、短いメモが届きます。
「私と同じことをしてください！」

この「大金持ちになる方法」を始めた人は、実際にお金を手に入れます。それはあとに続く人たちのおかげです。あとに続く人は、なんとしても稼がなくてはと、うまくいくまで同じことを繰り返します。

これらの仕組みの欺瞞を明らかにするには単純な計算で事足ります。

うまい話を持ってくる人たちは大抵、自分が頂点になるようにピラミッドに人を配置します。そして、下の人たちに「あなたもお金持ちになれます」と言ってモチベーションを掻き立て、その人はさらにその下の人たちを同じように掻き立て、さらにその下に……とイメージしながら、したたかに戦略を練ります。

この「大金持ちになる方法」が実現できないことはすぐにわかります。本当に実現できるのなら、この国のみんなが、そして世界中の人が、すぐに仕事をやめてピラミッドへの勧誘に精を出すことでしょう！　チェーンレター[注釈49]と同様に、こういうスキームでは、ごく少数の人が大金を稼ぎますが、残りの大多数は彼らにお金を吸い取られるだけなのです！

では、「お金を手にして豊かになれます」と訴える本やトレーニングで、あなたは豊かになれるでしょうか？
断じてノーです。

もし、販売員が「私たちの商品を手にしたら、見たくない真実さえも知ることになりますよ」と正直に説明したらどうでしょう。それを知ってしまったら、誰もその本やトレーニングを購入しないでしょう！

注釈49　チェーンレター：受取人が文面を写し、数人に同一の内容の手紙を差し出す手紙。「不幸の手紙」などがその例です。同じ仕組みで電子メールを使ったチェーンメールが拡散されることもあります。

あなたが手に入れるはずだった至福は、痛みをともなってやってきます。
いよいよ真実を明らかにしましょう。この本はそういう段階にきています。

さらに説明を続けます。

豊かさとは、ただ存在しているだけでそこにあるもので、誰しもが生まれ持っています。私たちは、必要なすべてが手の届くところにある豊かさの中で生きています。

それに気が付くと、喜びや美しさだけでなく、不快なことや醜ささえも豊かさの一部だと認めなくてはいけません。すべてを完全に受け容れること、つまり望むものだけでなく、全体を受け容れること、それが至福への道です。

しかし、個人と集団のそれぞれの意識が相互に影響を与え合うしがらみの中で、美しさと醜さの全体を受け容れて至福にいたるのには、まだまだ長い道のりがあるようです。

この道に踏み出すための提案があります。

「欠乏」という偽りの意識で生きる方が、実は簡単で快適だということを、まず自覚することです。

なぜなら「豊かさ」を受容するには、途方もない素晴らしさだけではなく、不快で、醜くて、目を背けたくなる「痛み」さえも受け容れる大きな器が求められるからです。その器がなければ、私たちは破滅に向かうでしょう。

これが、私たちが今すぐに「欠乏」の意識を手放せない理由なのかもしれません。

「欠乏」の状態でいると、快も不快も適度にコントロールされた状態で享受できます。ただ、心が押しつぶされるような苦しさを味わうことはありませんが、心からの喜びや充足感を得ることもありません。

私たちは「欠乏」を感じながら、明日はもっとよくなるだろうという希望を支えに、それなりに充実した人生を送ることもできます。

これこそが私たちの日常であり、現在受け入れられている経済理論は「欠乏」を解消しようとする人間の行動に基づいて理論を構築しています。同様に、今の政治・法律・教育・その他のすべての制度もここから作られています。

「欠乏という偽りの意識で生きる方が、実は簡単で快適である」これをまず自覚すること。それこそが私たちが生まれ持った権利である豊かさを受け入れるために歩むべき道であると、私は提案します。たとえ、その道のりが長いものであろうとも。

この本が届けようとしているのは、この道を前進していくために、私たちが知らなかった「お金との関係」がシフトする実践のレバーです。「お金との関係」を意識することが大切なのです。

そして今・・・

私はまだどっしりとした椅子に腰かけています。バーテンダーもいますが、甘い音楽はもう終わり、チーズ、ナッツ、くん製肉もごちそうになりました。残っているのはオリーブだけ。グラスも空いて、なぜかラップトップは「o」のキーを押しても反応しません。この本の続きを書くためのアイデアがいくつか浮かんできましたが、セクションは30までにしておこうと自分に言い聞かせました。

そうか、豊かさは時に厄介なものなのだ！

バーリからポリニャーノへの列車の帰り道、「モバイルマネー」と書かれたブルーのネオンサインが迫ってきます。次にくるグリーンのネオンは「ベビーパーク」という名の子供用品店。

思わず心がざわめきました。これらの商品は、私たちにいったいどんな価値を届けようとしているのでしょう！　私たちの世界はどこへ向かっているのでしょう？

お金の真実を探究するための問い

- ☑ 「お金を手にして豊かになれます」と訴える本やトレーニングで、あなたは豊かになれるでしょうか？

- ☑ 私たちの世界はどこへ向かっているのでしょう？

- ☑ お金は豊かさをもたらすのでしょうか？

28 番目の嘘

問題もお金、解決もお金

お金は人類が生んだ最も独創的な発明の一つですが、この本の中で繰り返し述べてきたように、現在の金融制度、特にお金の創られ方や利子の仕組みはいろいろな問題を含んでいます。

これによって、お金が市民のために本来果たすはずだった役割が、すっかりゆがめられてしまったのです。

興味深いのは、お金と同様に、市民の利益のために創られた多くの政府や公共機関も、同じ運命をたどっているように見えることです。今や、これらの組織は広範な公共の利益よりも、むしろ特定の人の既得権益を優先してしまっているようです。いくつかの例をあげます。

法曹界は、紛争を公正かつ迅速に解決することが本来の目的でしたが、今では主に弁護士の利益のために機能しています。
彼らの中には、扱う紛争ができるだけ長く複雑になるようにして利益を得ている人もいます。

保険はもともとは個々の人々に生じる深刻な災難を、コミュニティに属する仲間たちが相互扶助する仕組みとして考案されたはずです。しかし、今では人々の不安を掻き立てるスキームを次々と編み出して販売する産業へと変貌しています。保険業界は新しいリスクを次々と創作しては、市民に保険で備えなさいと訴えます。

教育は、本来ならば学生たちが実社会で自立することに備えて、幅広いスキルや知識を提供する仕事でしたが、今や実社会ではあまり役に立たないような論文や資格取得者を量産する工場と化しています。
これらの論文や資格がなければ、もともと聡明だった若者さえも将来ハンデを背負うことになります。

宗教のはじまりは、人々に「神の愛」を啓発することでした。しかし、ほとんどの宗教は、保険会社がしているのと同じように、恐怖心を植え付けて生き残ることにより関心が向いてしまいました！
今や「神への恐れ」を啓発することが彼らの目的です。

科学は歴史において、「生命とは何か」に対する人類の知識を進歩させてきました。しかし、いつしか純粋な知識への探究心から逸脱し、論文を書いて次の研究資金を得るための技術を磨くことに焦点をあてるようになってしまいました。
その資金は世界的大企業の影響力によってコントロールされています。

芸術とは芸術家とその鑑賞者の双方が、畏敬の念から内省を深め、ありのままの存在へと導くわれわれの叡智です。ところが、現実はファッションやギャラリー、マーケティングの道具になっています。

農業はもともと、耕す人たちが大地を愛し、その実りを育む営みでしたが、今や、化学メーカーの支配が広まりつつあります。彼らは自社の農薬や肥料、種子を用いる栽培を促し、その製品を広めようとします。
さらに複雑な国際法や助成金の手続き、組織の思惑が絡み合う迷路の中で翻弄され、農業は本来の姿を失いつつあります。

私はこれまで、お金に関する制度的問題など、いろいろなことをお伝えしてきました。これらをもって「お金が諸悪の根源だ」と結論付けるのは簡単です。お金がなくなれば世界はもっと良い場所になるだろう、というように。

とはいえ、おそらく誰もがお金なしでは生きていけないと感じています。
そして、社会や経済、環境の問題が発生すると、すぐにそれを金銭的価値に置き換えようとします。病気・戦争・台風・失業・火災などが起こると、即座にその被害額が見積もられます。

このようにして、いつも、お金は問題の原因であるだけでなく、最終的な解決策としても登場してきます。十分なお金があれば、どんな問題でも解決できると考えるのです。

お金自体は決して問題ではありません。また、お金で問題を解決することもできません。私たちは何十年もかけて、そして何世代もの経験を経て、お金では問題を解決できないと学んできているはずです。

真の問題と解決策は別のところにあります。それは関係性の中です。人との関係、自分との関係、自然との関係、または他の何かとの関係です。常に向き合うべきことは関係性そのものなのです。

人間関係に問題があると、しばしばそれがお金の問題として現れます。
と同時に、お金は人間関係の問題解決に役立てることもできます。

興味深い二つの方法をご紹介しましょう。
一つは支払いという形態です。つまりお金を動かすことで関係性を修復する方法です。
もう一つは、「お金を関係性の問題を映す鏡」として活用する方法です。お金は関係性の問題を正確に映し出すので、そのありかがわかると解決の糸口になります。これは多くの人に新たな気づきをもたらすことでしょう。

この２つ目の「お金を問題の関係性を映し出す鏡」とする方法を知ると、あなたは「その方法があったのか」と驚くでしょう。

もし、あなたが、この本をセクションごとにじっくりと読み進めてきているなら、あなたが見つけたかった「目から鱗の真実＝ゴールド」はもう手の届くところまできています！

お金の真実を探究するための問い

☑ お金は問題解決の手助けにはなります。でも、お金そのものが解決策ではないことに、あなたはもう気付いていますか？

29 番目の嘘

お金は重要ではないが、あると人生を楽にしてくれる

「ゴールド」のありかを明かすのは、もう少しだけお待ちください。その前にもう一つ触れておきたいことがあります。

あれやこれやとお金に振り回されることがわずらわしくなってくると「お金なんて重要じゃない、人生のすべてじゃない、二の次だ」と、他の何かを探そうとします。
この本は、お金以外の価値を探求する術が詰まった指南書である。あなたにはそう思えるでしょうか？

しかし同時に、お金を完全に否定してしまうことは賢明でないようです。私たちはお金なしで生活することが想像できないくらいに、快適な生活を享受しきっています。この範囲では、お金は重要と言えるでしょう。

これらはどちらも一見もっともらしいので、矛盾の解消は難しそうです。お金は重要にも、重要でないようにも見えます！　この矛盾の中で、自分を見失わずにいるためにはどうすればいいのでしょうか？

お金は本当に重要なのでしょうか、それともそうではないのでしょうか？

この謎を解くために、まず「お金があると人生を楽にしてくれる」という嘘のカラクリを解き明かしましょう。これまで自由・自立・安心・幸福などの本質はお金とは無関係だということを見てきました。

あなたがこのパターンに気付いているなら、もうおわかりでしょう。人生を楽にするのは本当のところお金ではありません。

「お金があると人生を楽にしてくれる」という信念は私たちを不安に導く以外の何物でもありません。人生が楽になることに関して、お金は重要ではありません。

さりとて、お金は重要です。それは、通常考えられているものとは違う意味においてです。お金は私たち個人や社会が進むべき方向の道しるべなのです。

私たちの文明は、どうしてお金についての数多(あまた)の嘘で埋め尽くされた虚構を作り上げたのでしょうか。その自己欺瞞によって何がもたらされたのかを冷静に捉えてみましょう。

この後の30番目の嘘は、この本で取り上げたすべての嘘の中心にあるものです。この嘘をどのように明らかにし、正していくかについてはこのあと触れます。

その昔、錬金術師たちは、鉛などの卑金属を金に変える魔法を探し求めていました。

ゲーテ[注釈50]は、彼が著した戯曲『ファウスト』の中で、昔の人々が錬金術に成功したという神話を信じ、紙幣の創造という錬金術に今でも囚われている人間を鋭い洞察によって描きました。彼はこの自己欺瞞がいつか悲劇を招くだろうという現代社会への警告をしていたのかもしれません。[注釈51]

注釈50　ゲーテはドイツ古典主義を代表する文学者。その代表作が『ファウスト』です。

注釈51　『ファウスト』の第 2 部で、メフィストフェレスが経済危機に直面した皇帝を支援する策として紙幣の発行を提案します。この行動は、金や銀などの実物資産に依存しない新たな富の創造がなされるという意味で、現代の錬金術になぞらえられます。

お金の真実を探究するための問い

- ☑ お金は重要にも、重要でないようにも見えます！　この矛盾の中で、自分を見失わずにいるためにはどうすればいいのでしょうか？

- ☑ お金は本当に重要なのでしょうか、それともそうではないのでしょうか？

次に続く30番目の嘘で、いよいよこの自己欺瞞を明らかにします。それは錬金術でも魔法でもありません。

手にするのは本物の「ゴールド」です！

さあ、ページをめくって……。

30 番目の嘘

「お金は…だ」

この本の序文で、あなたに「あなたにとって、お金とは何か」という問いに答えていただきました。

その中から自分が惹きつけられるものを選び、以下の下線のところにそれを書き込んでください。

お金は＿＿＿＿＿＿＿だ

しかし、お金はあなたが考えているものではありません！
ここから、いよいよお金の仕組みを明かしていきます。

あなたが「お金は…だ」と思い込んでいると、その通りの経験が起きて（それとは違う経験はなかったことにして）「やっぱりお金は…だ」とその思い込みを強化します。

お金に対してもともと持っていた思い込みが経験によって正当化され、次の経験がさらにその思い込みを裏付けていくというエンドレスのサイクルを繰り返すのです。それを知らず知らずのうちに行っています。

しかし、いつの時点においても、お金はあなたが思い込んでいたものではないのです。お金はあなたがこれまで、「…だ」と考えているモノや性質のいずれでもありません。

この本では、それらはみな嘘であり、幻想であり、思い込みであると明らかにしてきました。

お金とは、あなたが「…だ」と思い込んでいるモノや性質を投影する空白のスクリーンのようなものです。それは金属（コイン）、紙（紙幣）、または電子的な仮想空間（口座）の形をしています。

ここで、序文のところで「あなたにとって、お金とは何か？」についてあなたが書いたリストをもう一度眺めてみてください。

お金は本来、そこに書いてあることのどれでもありません。

お金は投影によって、有形無形に姿を変えるとらえどころのない存在です。お金はあなたが「…だ」と考えた意識によって作り上げられたものに過ぎません。

そう言われても、ちょっと現実離れしているし、難解だし、何の役に立つのかわからない………抽象的過ぎてまだピンと来ていないかもしれません。
でも、もう少しだけお付き合いください。この「投影」のプロセスは見過ごしてはいけない重要なことだからです。

たとえば、あなたがお金は何かを手に入れるために、誰とでも取引ができる「つなぎめ」だと思ったとしましょう。すると、その思いがお金に投影され、お金はあなたの思う通り実際に「つなぎめ」としての役割を果たすようになります。
ただ、その「つなぎめ」も、たくさんあるお金の機能のうちの一つに過ぎません。

しかし、お金があろうとなかろうと、実はあなた自身が「つなぎめ」なのです。

あなたにはもともと「つなぎめ」という性質があります。
本来備わっているものを自分にはないことにしてお金に投影し、やがて、あなた自身が「つなぎめ」であったことを忘れてしまいます。

このようにあなたがお金に投影する経験を積み重ねていくと、自分が起点であったことを忘れて、まるで呼吸をするかのように投影を自然に行うようになります。

ここで、転換が起こります。

いつの間にか自分が「つなぎめ」であったことの記憶を失い、その性質がお金に憑依して、今度はお金こそが「つなぎめ」であると疑いもなく信じ込んでしまうのです。

そのあとも、お金は今まで通り「つなぎめ」として機能し続けますが、そこには根本的な違いがあります。もはや自分がその性質を投影する起点であったという記憶が消え、お金があなたと切り離され、独立した命を持つ存在のようになるのです。

そして知らず知らずのうちに、あなたの人生は一人歩きし始めたお金に左右されるようになります。

今、あなたには、「つなぎめ」としてのお金はなくてはなりません。
そのために必死に稼いだり、競い合ったり、ときにはお金のために誰かを蹴落としたりしなくてはいけません。お金を手に入れないと、まるで自分の存在が脅かされるかのように感じます。

本当はあなた自身が「つなぎめ」であったこと、だからお金がなくても大した問題ではなかったこと、そしてあなたという存在はお金とは無関係であったことは、記憶の彼方へ行ってしまいました。

あろうことか、あなたが何かを手に入れようとお金を追い求めているうちに、お金で手に入れたかったものさえも失います。
「つなぎめ」の役割をお金に求めた結果、あなたは「つなぎめ」としての役割を失うのです。

自由のためにお金を追い求めれば自由を失い、
安全のためにお金を追い求めれば安全を失い、
パワーを求めてお金を追い求めればパワーを失います。

お金への執着は、結局のところ、本当のあなたらしさとのつながりを断つ行為でしかありません。

だいぶ、つかめてきましたか？

このセクションの最初からここまでは2回、3回、またはそれ以上読み返す必要があるかもしれません。ここでお伝えしてきたことはとてもシンプルですが、これまで人生を通して積み上げてきた信念と、あまりに反するので、混乱して頭がフリーズしているかもしれません。

もし、そうならチャンスです。彼方にあった記憶、小さかった頃のお金にまつわる出来事や、そのときに抱いたお金のイメージ、そして、あなたが「お金とはこういうものだ」と決め付けてしまったことを思い出してみてください。

そして、そのあとの人生で作り上げてきたお金に対する思い込みは、本当のお金とは違うことを知ってください。
お金の本質は何も映っていない空白のスクリーンであり、そのスクリーンにあなたが決断したことや、考えていることを投影しているだけなのです。

ここで少し、一息つきましょう。

   ＊   ＊   ＊

さらに踏み込んでいきましょう。

というのも、私たちがここまで明らかにしたことは、個人にとどまらないチーム・組織・社会、さらには国や地球全体へと影響する大きな問題だからです。

集団においても、個人と同じようにお金への投影と記憶を失うメカニズムが働いています。本来の自分と切り離された一人ひとりの無意識なお金への投影が相互に影響し合うと、それは集団的な思い込みへと発展します。

そして集団の中で繰り返される経験から「お金は…だ」という思い込みが社会に刷り込まれていき、それが神話と化すのです。
必然的にそれは、集団での根拠のない意思決定を助長し、誰も望まない結末を招きます。

もう一度立ち止まって考えてみてください。このメカニズムが組織や社会、さらには地球全体にどのようにして広がり、どれほどの影響を及ぼしているのでしょうか。

幸運にも、この投影のメカニズムに気が付けば、「解決への道すじ」は思いのほかシンプルです。
これまで無意識にお金に投影していた性質を、自分に取り戻しましょう。そして再び、あなたがその性質を生み出す存在になるのです。

つまり、お金に預けてしまっていた役割を、あなたが果たすのです。

では、実際にやってみましょう。
ここからは、理論や概念を超えた実践です。

あなたがこの本の序文で書いた、「あなたにとって、お金とは何か？」のリストをもう一度確認してください。
自分が書いたどの言葉に惹きつけられますか？　この本を読み進めるうちに、書いたときより重要に思えてきたものもあるかもしれません。

取り戻すプロセスはこうです。
「お金は…だ」や「お金は…する」というフレーズの中の「お金は」を「私は」に置き換えてください。

たとえば、「お金は自由だ」と書いてあれば「私は自由だ」になります。
また「お金はパワーだ」は「私はパワーだ」になります。
「私は強い」でもいいでしょう。
そして「お金は諸悪の根源だ」というフレーズは「私は諸悪の根源だ」になります。

ここで言い換えられたフレーズを否定的にとらえる必要はありません。自分自身に対しても同様です。意味や根拠を理解しようとする必要もありません。
そのまま受け取り、ともにいてください。そのフレーズがあなたの身体に染みわたり、心の中をめぐっている状態を受け入れて、ただ感じてください。

大丈夫です。私たちは自分の中にすべてを持っています。私という存在はすべてのはじまりです。「自分にはないもの」としている性質、それも私です。

私たちは、ないものにしている自分を、無意識に外の世界に投影しようとしますが、それも含めて私です。それを「自分にはないもの」として切り離してしまうと、自分らしさを創り出していたエネルギーさえも失ってしまいます。

そして、私たちは知らず知らずのうちに、エネルギーの欠乏を埋め合わせようとお金に執着します。なぜなら、お金こそが、ないことにしていた自分を投影する対象であり私の拠り所だったからです。^{注釈52}

しかし、どれだけそれを繰り返しても失ったエネルギーは取り戻せません。それは本物ではなく、幻か、似て非なるもの、もしくは、ただ影を追いかけているだけの行いです。

注釈52　もちろん「投影の対象」はお金に限りません。特に「他者」はその代表です！　しかし、お金は、私たちが最も深いところで切り離してしまった自分の一部やその性質を知らず知らずのうちに投影する格好の対象になるのです。
その理由は第一に、お金は本質的に、発明されたときから中立的な「空白のスクリーン」として機能しており、そこに性質が投影されたとしても人間のように反応することはありません。そして第二に、私たちの日常生活で投影しているほかの物質的な対象とは異なり、お金には物質（金属、紙）と非物質（口座）の両方の形を取るというユニークな特性があります。お金は、物質的なものと非物質的なもの、つまりあらゆる性質を投影する対象としては理想的なのです。

自分とのつながりを取り戻す道は、失われていた彼方の記憶を取り戻すことです。ないものにしていた本当の私は、常にそこに存在しています。それは何かの布に包まれて近くに置いてあります。

どこに、それはありそうですか？

「私は…だ」に置き換えてみるのは、この隠された「ゴールド」を見つけ出す方法です。これを進めるために、ほんの少しでかまいません。自分に信頼をおいてみましょう。

「ゴールド」が薄い布で包まれている程度であれば、すぐに気配を感じるでしょう。それは、まるで自分の家に帰ってきたような、暖かく、くつろいだ感覚です。思わず吹き出してしまうぐらいに、なんだかとっても愉快な気持ちになるかもしれません。

しかし、「ゴールド」が分厚い布に包まれて固く縛り付けられている場合もあります。本当の自分らしさをないものにしてきたのです。

その包みには「恥ずかしいから、あけちゃダメ」と書いてあります。この包みをほどくことは、長い間、ひた隠しにしてきた自分がさらけ出されるような感覚でしょう！

あなたはずいぶんと長い時間、自分らしさを外側に投影して、内側にはないことにしてきました。しかし、それはただの思い込みです。

「恥ずかしい」という感情を受け容れてみてください。ただ、それだけです。

すると、「あけちゃダメ」と書かれた包みの中から本当のあなたがクスクス笑って顔をのぞかせてくるでしょう！

それでも、包みの中にさらに幾重もの包みがあることに気付くかもしれません。「私は…だ」と言葉にすると、自分の中にいろいろな抵抗が生じるでしょう。

冷ややかに「私とは関係ない」、または大きな声で「私は違う！！」と言いたくもなるでしょう。
それは、あなたが自分を嘘いつわりのない人間だと思っているからです。だから、「私は…だ」という嘘に思えることに抵抗を感じるのです。

これこそが、私がこの本に忍ばせた天地がひっくり返って、ふと笑みがこぼれそうな「謎解き」です。嘘だと思っていることが、より深いレベルの真実を表すのです。

これに気が付くには、少しの忍耐が必要です。あなたが嘘っぽく感じているフレーズを自分に言い聞かせるように繰り返し声に出してみてください。言い回しをちょっと変えてみたり、大袈裟にしてみたりするのもよいでしょう。

するとどうでしょう。
「お金は…だ」と信じ込んでいた嘘が、まるで霧が晴れるかのように消え去って、本当のあなたが顔を出してくるかもしれません。

自分に嘘をつかずに「お金がある私も、お金がない私も…である」と言葉にしたとき、力がふっと抜けたように感じたり、クスクスと笑いが込み上げてくるようになったら…そうです！　それは本当の自分と再会できた瞬間です。

さぁ、やってみて。無理せずに、直感に従いましょう。どのプロセスも新しい出会いです。かかる時間や、順番もそのとき次第です。

自分との再会が瞬時に起こることもあれば、まわり道が必要な場合もあります。焦らずに、自然の流れにただ身を委ねるのです。

お金の真実を探究するための問い

☑ あなたにとって、お金とは何でしょうか？

あとがき

ついに、皆さんとともに「30番目の嘘」までの旅を終えることができました。皆さんの信頼、信念、そして忍耐に心から感謝します。

皆さんはもう気が付いてるでしょう。この30番目の嘘は次の旅に向かう「入り口」です。それまでの29個の嘘は、ここに立つ準備でした。多くの人がその旅へと踏み出すと、一人ひとりのお金との関係が変わり、それらがつながって、社会を変容させていくでしょう。
今、多くの人々が、全体性を包摂した、持続可能で、真に民主的で、より賢明なマネーシステムを待ち望んでいます。このようなマネーシステム作りはもう始まっています。皆さんがそのプロセスに関わっていくことで十分な進展が果たされ、それが現実となるでしょう。

どうぞ実り多き旅を、そして、豊かな人生を。

ピーター・カーニック
2003年7月　チューリッヒ

31番目の嘘
―アンコール―

お金の扱い方は
男女で違う。
そしてお金や経済
は男性の領分だ

「女性はお金の扱いが得意ではない」という通説があります。金融の話題になると、男性は理解しにくい専門用語や、概念を使いたがるので、女性はそれほど関心を持たないのです。女性の中には、男性のパートナーや銀行の投資マネジャーの態度に萎縮して、金融の世界は自分とは無縁だと感じてしまう人もいます。

一方でこんな話もあります。スイスの大手製薬会社での長期の会長職を経て、大手銀行の会長に就任した男性が、自分の給与や家計の管理をすすんで妻に任せきっていることがラジオで報じられたのです！

男性の話を理解していないのは女性だけではありません。実際のところ、男性同士で金融の話をしているときもお互いのことを理解していません！　各々が定義を明確にしないまま、専門用語を自分なりに解釈して会話をするので、すぐに言いたい放題になります。

「わかったフリ」をして相手の話を聞いているようで、実際は自分の頭の中の解釈を整理しているだけです。
男性にとって、この「わかったフリ」は重要です。それによって、男性的イメージと金融専門家としての領分を保てるからです！

一方で、多くの女性は本来の意味での「経済の専門家」です。
経済を表す「エコノミー」は「家の管理（家政）」に由来する言葉です。女性はそのことをよくわかっています。

豊富な経験やスキルと能力をふんだんに使って家計をやりくりしているのはたいてい女性です。彼女たちは一見すると「すぐにやらなきゃ」と、つい目先のことに焦点をあてているようですが、それは誤解です。

たとえば、家庭の支出を教育に向けることなど、実は長期的な投資をともなう判断をしています。家族経営には、家族が将来にわたって幸せに暮らしていけるかという意識が不可欠なのです。

その帳尻は、人生の最後に明らかになります。人はそのときになってようやく、どのような人生を家族と送ってきたかを振り返ることができるからです！

一方で、男性の意識の矛先は、家族経営よりも短期的な金融や投機に向いています。彼らは目一杯稼いで、必要な収入を確保することでしか家族の安全を保てないと信じています。最も賢い者が勝者だと考えて「ゲーム」や「ゲーム理論」に没頭するのです。

また、家計のやりくりに関して、長期投資・資産運用・有価証券などを重視する傾向があり、長期的な視点に優れていると言われます。しかし、これは錯覚に過ぎません。

彼らは常に価値が変動する「パフォーマンス」をチェックし続けており、それに応じて短期的に家計のやりくりを調整しています。結果として、男性の意識は短期志向であり、日々の金融市場の動向や四半期ごとのバランスシートのやりくりに集中します。

彼らはこのゲームに夢中になります。しかし、そのゲームによって個人や家庭、コミュニティ、国家、そして世界全体の生活を安定させたり、実際の経済で富を生み出したりすることはほとんどありません。ゲームから得るものは、実体経済とは無関係の妄想の産物に過ぎないのです。

私はこのアプローチを否定しているわけではありません。論理的なリスク評価の能力はお金や資源の流れを見極めるのに役立つかもしれません。

しかし、男性と女性がそれぞれに持つ能力、そしてその思い込みさえも、長期的な家計のやりくりに活かしていくことができるかもしれません。

実際に持続可能な生活を支えるためには、現物や現実を大切にする女性のお金の扱い方のほうが、より良い貢献となるのは明らかです。

最後に重要なポイントがあります。

このセクションの「嘘」は、私たちが通説としてしまった「思い込み」です。

これは男性か女性かという問題ではありません。

本書で明らかにしてきた嘘が「お金の扱い方は男女で違う。そしてお金や経済は男性の領分だ」という通説を作り上げたのです。

この思い込みを解消するためには、多様性を持つ私たちが力を合わせて嘘の全体像に「取り組む」必要があります。
そうすることで、この思い込みは徐々に消え去り、私たち人類が持つ短期的な視点と長期的な視点とスキルが調和し協調し合えるようになるのです。

謝辞

この本を、両親であるカレルとディディ・カーニックに捧げます。父方と母方の非常に独特な家系が結ばれたことによって、この作品の内容や性質に、重要で創造的な影響がもたらされたことを心からの喜びとともに味わっています。

母方の祖父であるオーガスト・ロービアは、私が生まれる前に亡くなりましたが、母を通じて私の人生に大きな影響を与えました。とりわけ、オーガスト氏が生前に家族の財産を守ってくれたことでした。
彼は、チェコスロバキアのブリュン（ブルノ）でオーストリア総領事を勤め、1920年代から30年代にかけては、兄弟とともに家業の繊維会社を経営し、国際的な優良企業に育て上げました。祖父は、チェコスロバキアの占領や第二次世界大戦などを見越して、家族の資産を海外に分散させたのです。そして家族とともにまずフランスに、次にイギリスに移住したのち、1942年に亡くなりました。根っからの実業家であり、また先見の明も備えていました。戦争が最も激化していた時期に、彼はヨーロッパの統一を構想する論文を執筆し、ドイツを含む様々な国々に役割を割り当て、戦後にビジネスが果たす役割を思い描いていたのです。

妻のアリス・ロービアは、私がともに過ごした唯一の祖父母であり、生涯を通じて家族の中心的存在でした。彼女は稀有なる気品と知恵に恵まれた人でした。最後まで慈善事業に取り組み、関わったすべての人々に良い影響を与え続けました。80代になってもロンドンの赤十字社で働き、自分よりも何歳も若い「高齢の人たち」を訪問していました。

私の父方の祖父、ユリウス・カーニックとその妻マルヴィーナは、ほかの多くのカーニック家の人々とともに、第二次世界大戦中に強制収容所で命を落としました。祖父ユリウスは歯科医で、先祖代々、南ボヘミアのチェスケー・ブジェヨヴィツェ（ブドヴァイス）の中央広場で開業していた医師や歯科医の家系の出でした。
ご先祖たちは見た目こそ厳格でしたが遊び心ある人たちだったようです。私の父によると、祖母のマルヴィーナは、感受性があり教養豊かで、夫の冒険には苦労しました。しかしこの家系は、既存の秩序の中にある抑圧的な形式主義に対しては、物事をうまく調和させる不思議な才能と物怖じしない振る舞いで対応していたようです！

両親には、大陸的な要素と英国的な要素が創造的に交わった中で育てられたことに感謝しています。父カレルは医師の家系を継いで歯科医となり、1991年に亡くなる直前まで仕事を続けました。お金を稼ぐことにも使うことにもあまり興味がありませんでしたが、晩年にはお金を数えることを楽しむようになりました！
しかし父が老いてもなお熱量を注いでいたのは、歯の穴を治療することと、口が器

具で塞がれて「あ〜、う〜」と言っている患者さんに延々と話しかけることでした。父が私に伝えてくれたことは、細部に対する熱量、並外れた粘り強さ、遠慮なくものを言う正直さです。そして、「甘いものを食べない」「タバコを吸わない」「コンドームをつける」という三つの戒めです。

母が頭を抱えていたのは、父が英国国民健康保険サービスの、母から見れば無料奉仕に等しい治療代で、骨の折れる治療を提供し続けていたことでした。母の実家のロービア家との関係では、父は、慎ましく暮らすことを楽しんでいたようです。

ですから1989年にチェコスロバキアが国境を再開すると、実際には父は町で2番目に大きな邸宅で育ったことを知って私は驚きました！

一方、私は母を通して、祖父オーガストの鼻が利くビジネス勘と、現場の実践を大切にすること、そして今も習慣になっている、スーパーに入ったとたんに赤のシールが貼られた割引コーナーを見つける眼（！）を受け継ぎました。父も母も、生まれつき強固な意志の持ち主だったようで、おかげで家庭はいつも和やかな楽園というわけにはいきませんでした。

しかし、この強い意志を両親双方から二重に受け継いだことは、私にとって非常に有益な恩恵となりました。特にほとんどの人が、お金に関する私の研究が何を意味するのかを理解していなかった時期にそうでした。

このような家庭背景の中で、私の両親ディディとカレルは、兄と私を「典型的な英国紳士」に育て上げようと最善を尽くしてくれました（その成功は限定的でしたが）。この家族特有の、普通にでも特別にでもどちらにも振る舞える幅の広さの中で育った経験は、私にこの研究を進めていくための豊かな土壌を育んでくれました。

この本を出版して世に送り出すのを支えてくれたパートナーのバーバラにも、心からの感謝の意を表したいと思います。彼女は多くの面で私を励ましてくれましたが、とりわけこの本のタイトルを考案してくれたことに感謝しています。

また、兄のアイヴァンに感謝しています。私を陰から頼もしく支えてくれました。

スイスの友人で、マネー＆ビジネス・パートナーシップ会議の共同主催者であり、またそのパートナーであるロバート・ヨゼフ・スタドラーとベルナルド・ビショフ、私と一緒に火を付けてくれたミュンヘンのヘンリエッテ・リング、そしてそれを燃え上がらせてくれたベアト・ドゥンキに謝辞を捧げます。

ライオネル・ファイフィールド、ジェイコブ・ニードルマン、ベルナルド・リータは、お金をめぐっての私の旅路において、専門的見地からのインスピレーションを与えてくれました。ピエールとバーバラ・ゴーティエ、ヴォルフ・フォン・シュタウフェンベルク、エアヴィン・ユード、ハンス・デ・フリースも、違う形で同様に

支えてくれました。長年、私のコーチであり教師でもあったロバート・ハーグローヴにも感謝を捧げます。

ロンドンのエージェントであるデイビッド・パリッシュには、その専門的な助言と心優しい励ましに感謝を捧げます。アムステルダムのオスカー・ダヴィッドには、いったいいつになったらこの本が出るのかとしつこく聞いてくれたこと、そしてiUniverseへのつなぎめとなってくれたことに感謝します。ユルグ・コンツェットには、草稿に目を通して熱量高く励ましてくれたことに、ハリト・フーバーには、モンキーが現れる素敵な装丁をデザインしてくれたことに感謝します。

ロザンナ・グリマルディには、プーリア地方へと導いてくれたことに感謝します。ポリニャーノとその市民の皆さんには、2001年11月に素晴らしい3週間を過ごさせてくれたことに感謝します。

メアリーベス・バーガーには、卓越した編集に対して感謝します。また、お嬢さんのアレクサンドラちゃんには、本の完成を待って生まれてきてくれたことに感謝します！

そして最後にこの方へ、マ・アトモ・プジャン・クンツに心からの感謝を。
彼女は、あらゆるものを神聖な存在として扱い、尽きることのない愛を注いでいます。それがなければ、世界はどれほど退屈なことでしょう。

日本語版の発刊にあたっての謝辞

『MONEY BIAS(マネーバイアス)』(原題：30 Lies about Money)の出版にあたって、はじめに、私の取り組みを日本に紹介してくださったトム・ニクソンさんに深い感謝を捧げます。また、本書を日本で実現するために、それぞれの形で尽力してくださった吉原史郎さん、宮慶優子さんご夫妻、青野英明さん、宇敷珠美さん、嘉村賢州さん、山田裕嗣さん、そしてアレクサンダー・インチボルドさんにも、心から感謝します。

私のプレゼンテーションの通訳で、楽しくスムーズなコラボレーションを支えてくれた福島由美さんに感謝を。多くのインスピレーションをくださった横山十祉子さん(とこちゃん)に、そして、つつましやかなサポートと奥深い才能、さらには温かい友情を注いでくれた小野義直さん(のっち)にも、心から感謝します。宮慶優子さんがグローバルソースである「Junkanだいこん」の皆さんにも、温かい歓迎と心くばり、そして私への熱いサポートに、心よりお礼を申し上げます。

ここで特別に感謝をお伝えしたいのは、矢萩大輔さん(だいちゃん)です。彼は浅草にある会社のオフィスやメンバーの皆さまを通じて、私の専門的な取り組み(『ライフソース・プリンシプル』をテーマにしたイベント等)の場をホストし、真摯に支えてくださいました。さらに尽きることのないほどに素晴らしいお料理(田心カフェ)と心が満たされる精神的な豊かさもくださり、彼の寛大さに感謝の気持ちが溢れています。

そして何よりも、私の原文に含まれる微妙なニュアンスまで正確に伝えようと、約3年間にわたって吉原史郎さん、宮慶優子さんとともに取り組んでくださった、監訳・翻訳チームの小野義直さん、福島由美さん、津村英作さん、江上広行さん、大濱匠一さん、さらに監訳・翻訳チームをサポートしてくれた西澤篤央さんたちの並々ならぬ献身に、心から敬意と感謝を表します。

また、私の取り組みを専門的見地から推薦してくださり、心からのエールをくださった小田理一郎さんと新井和宏さんにも深く感謝いたします。出版社の株式会社日本能率協会マネジメントセンターの新関拓さんと、そのエージェントである株式会社タトル・モリ　エイジェンシーの皆さまには、終始スムーズで心地よく出版の活動を進めることができ、感謝しています。

そして最後になりましたが、私にとってかけがえのない、心から頼りにしている、頑張り屋でどこまでも真摯に取り組む友人の吉原史郎さんに対して、特別な謝意を捧げます。もし彼がいなければ、皆さんが今こうしてこの言葉を読んでくださることは叶わなかったでしょう！

監訳者あとがき

本書『マネーバイアス』を手に取って読んでくださり、本当にありがとうございます。

はじめに、約3年の旅路を著者のピーター・カーニック氏（敬愛を込めてピーターと呼ばせていただきます）とともに歩んだ監訳・翻訳チームの仲間たち（小野義直さん、宮慶優子さん、福島由美さん、津村英作さん、江上広行さん、大濱匠一さん）に感謝を申し上げます。

著者のピーターに初めてお会いしたのは、2022年の春でした。初対面のときからその温かく、ユーモア溢れるキャラクター、そして鋭い洞察力に魅了されました。以降、彼とは友人であり同志であり、また師として、経営や経済、社会、歴史、宗教などの多くの対話を重ねる機会に恵まれました。
ピーターが住むスイスやイタリアへ何度も行き、ホームステイしながら活動をともにしました。彼のパートナーのバーバラ・クンツさんとも多くの時間を過ごしました。
彼の初来日時に『ライフソース・プリンシプル』をテーマにしたイベントをともに開催し、多くの人々とその哲学を共有する機会を持てたこと。その後、我が家に滞在して妻の優子とはじめた循環畑（いのちがめぐる自然の畑）のトマトで作った

トマトスープをともに味わったこと。
これらの体験はお互いに生き方そのものを語り合う場でした。そして、それらの体験は、僕の人生のつながりをさらに豊かにしてくれました。

ピーターは瞬間、瞬間を心から楽しんで生きている人です。その純粋な姿が世界中の多くの人を分け隔てなく魅了することを実感しています。彼が本書で伝えるように、お互いの人生を尊重し、「自然や人とつながり、自分とつながる」ことを、彼自身が大切にしていることも感じています。
本書でも、そんな彼らしさを存分に感じてもらえていれば、監訳者・翻訳者の一人として、これほどの喜びはありません。

本書の翻訳にあたっては、ピーターの伝えたいエッセンスを余すことなく日本語で表現することを意識しました。特に、欧米の文化的背景を前提とした概念や表現については、翻訳チームで何度も議論を重ね、読者の皆さまにとって自然に読めることを模索しました。また、ピーターと相談のもと、一部の専門用語には注釈を加えています。

『MONEY BIAS(マネーバイアス)』(原題：30 Lies about Money)を

通じて、ピーターはお金という入り口から、「人生の本質的な問い」を私たちに投げかけてくれています。その意味で実は、本書は単なる「マネー本」ではなく「人生の本質を問いかけるライフ本」と言えます。本書を通じて、多くの読者の皆さまが生き方や価値観を見つめ直す機会を得られると考えています。

私たちの「お金観」によって見えなくなり、気付かないうちに分断されてしまった「自然とのつながり、人とのつながり、自分とのつながり」を取り戻すこと。そこに「人生の熱量」が再び湧き上がる鍵があります。つながりと熱量を取り戻し、小さな喜びを大切にできる人生へと変わっていく。本書には、誰もが「ライフソースである（自分の人生を生きている）」ことへの深い願いが込められています。

たとえ、未来にお金の概念がなくなっても、それだけでは、私たちがマネーバイアスから解放されるとは限りません。お金に変わる新たな何かに、お金と同じ構造で私たちは投影をし続ける可能性が高いからです。それとは異なる別の未来を生きるためにも、本書でピーターが伝えている内容が持つ歴史的意義は大きいと確信しています。

最後に、『MONEY BIAS（マネーバイアス）』出版に際し、関わってくださった皆さまへ心より感謝申し上げます。

まず、多くの学びをともにする友人であり、ピーターとのご縁を作ってくれたトム・ニクソンさんに深く感謝いたします。また、「ピーターとの対話会」をともにしてくださった日本の実践者の皆さま（小田理一郎さん、新井和宏さん、中野民夫さん、横山十祉子さん、鈴木規夫さん、田原真人さん、篠田真貴子さん、矢萩大輔さん）にも貴重な機会をいただき心より感謝申し上げます。

監訳者・翻訳者とともに本書の最終仕上げに多大なサポートをいただいた西澤篤央さん、そして多面的にサポートしてくださった皆さま（矢萩大輔さん、畑中義雄さん、金野美香さん、矢尾板初美さん、加藤真夕子さん、石橋麻里子さん、伊原淳子さん、黄韵奇さん、石野慧太さん、堅田瑠那さん、嶋内秀之さん）にも心より感謝いたします。

本書の出版にあたりエールを送ってくださった友人のステファン・メルケルバッハさん、編集者である新関拓さんにも、監訳・翻訳チームを代表して御礼申し上げます。

また、出版に至るまでの数多くのピーターとのイベントに参加してくださった方々、快く会場を提供してくださった皆さまをはじめ、ここにお名前を挙げきれない多くの皆さまにも、深く感謝申し上げます。

本書を通じて、皆さまが自身のマネーバイアスに気付き、湧き出る熱量とつながりを大切にした人生に向かう一助になればと願っています。
そして、ピーターがこれまでに唯一執筆した本書『MONEY BIAS（マネーバイアス）』が時を経て、未来の一人ひとりの人生のお供として、いつまでも愛され続けることを強く願っています。

監訳者・翻訳者　吉原　史郎
2025年3月1日

著者
ピーター・カーニック
「ライフソース・プリンシプル＆ライフ・マネーワーク」提唱者

スイスのチューリッヒを活動拠点とする。「人とお金の関係」、そして、最近は「アイデンティティと起業家精神」に関する独創的な研究とワークショップでよく知られている。1980年代初頭からマネーについての現象学の研究を行い、プレゼンテーションや小グループでオリジナルな研究を実施。ジュネーブでMBAを取得した後、企業の管理職向けのトレーニング、リーダーシップ教育、戦略立案プロセスを支援するビジネスを展開。1987年、企業や非営利組織向けの財務と組織の独立コンサルタントとして活動を開始。1994年、自身の研究を土台に、最初の「マネーについてのワークショップ」を開始。1999年にMoney & BusinessPartnershipに関する新しい国際会議をスタート。2009年、500人を超える起業家、及び会社や団体の創設者を対象とした調査を行い、「ライフソース・プリンシプル」に関するアイデアの精緻化を開始した。日本ではNHKからの取材で『エンデの遺言「根源からお金を問うこと」』に活動が紹介されている他、「Forbes Japan」などにも取材されている。

監訳者
吉原 史郎
Natural Organizations Lab（株）共同創業者

いのちが循環する「循環畑」で暮らす。循環畑から始まる「循環経営」を世界中で実践。神戸大学経営学部卒業後、事業再生下でのリゾートホテル経営、三菱UFJリサーチ＆コンサルティングを経てNOL創業。生命体的組織の研究過程で『ティール組織』（英治出版）の原著『Reinventing Organizations（組織の再考案）』を2015年に日本で初めて要約。著者フレデリック・ラルーと親交を深め、『実務でつかむ！ ティール組織』（大和出版、2018年）を出版。「ティール組織&循環畑」の実践はフレデリック・ラルーのエールと共に『Adventures in Reinventing Work』で紹介。2022年「ワークを内包するライフの視点」から経営を探究するため、「ライフソース・プリンシプル」提唱者のピーター・カーニックの自宅に滞在。彼から直接学び、日本初の「ライフソース・プリンシプル＆ライフ・マネーワーク」のPKSプラクティショナーとなる。

小野 義直
株式会社アンド 代表

対話と共創を通じ、個人やチームが新たな可能性を見出す探究者。構造的アプローチで課題解決や価値創造を支援し、自らもプロジェクトを立ち上げる実践。小売・サービス業を中心に1,000社以上を支援。「種をあたためる人」として、生命の神秘に触れ、感性と直感力を磨く。著書に『ビジネスフレームワーク図鑑』『思考法図鑑』（翔泳社）。探究・プランニング情報サイト「探究.com」運営中。

宮慶 優子
Natural Organizations Lab（株）共同創業者

いのちが循環する「循環畑」を実践研究中。京都大学法学部卒業後、関西電力入社。長期成長戦略策定に携わる。2011年オーダー靴の靴職人の修業を開始し、2013年に「ユメノハキゴコチ」を開業。各種メディアで紹介。靴づくりで土に還らないゴミを目の当たりにし、自然の循環とは何かを考え始める。2017年NOL創業。いのちが循環する「循環畑」を実践。2021年ICC国際コーチング連盟認定資格取得。2022年イギリスのブライトンでもJunkan畑の活動を始動。活動の場は大学や大企業にも広がっている。ピーター・カーニックと親交を深め、日本で2番目の「ライフソース・プリンシプル＆ライフ・マネーワーク」のPKSプラクティショナーとなる。

MONEY BIAS（マネーバイアス）
30のお金の嘘を明らかにし、人生・仕事の思い込みから自由になる新たな習慣

2025年4月10日　初版第1刷発行

著　者　　ピーター・カーニック
監訳者　　吉原史郎／小野義直／宮慶優子
　　　　　Ⓒ2025 Shiro Yoshihara, Yoshinao Ono, Yuko Miyake
発行者　　張　士洛
発行所　　日本能率協会マネジメントセンター
〒103-6009　東京都中央区日本橋2-7-1　東京日本橋タワー
TEL：03-6362-4339（編集）／03-6362-4558（販売）
FAX：03-3272-8127（販売・編集）
https://www.jmam.co.jp/

装丁　　　山之口正和＋齋藤友貴（OKIKATA）
イラスト　Harito Huber
本文DTP　株式会社明昌堂
印刷所　　シナノ書籍印刷株式会社
製本所　　株式会社新寿堂

本書の内容の一部または全部を無断で複写複製（コピー）することは、法律で認められた場合を除き、著作者および出版社の権利の侵害となりますので、あらかじめ小社あて許諾を求めてください。

ISBN978-4-8005-9309-2　C2034
落丁・乱丁はおとりかえします。
PRINTED IN JAPAN